POLYGLOTT-REISEFÜHRER

Rumänien

Mit 34 Illustrationen
sowie 17 Karten und Plänen

sehr günstig 2x + Zoll

POLYGLOTT-VERLAG
MÜNCHEN

Herausgegeben von der Polyglott-Redaktion
Verfasser: Rüdiger von Wechmar
Neubearbeitung: Reinhard van Kaick
Illustrationen: Vera Solymosi-Thurzó
Karten und Pläne:
Franz Huber, Gert Oberländer und Ferdinand Helm
Umschlag: Prof. Richard Blank

*

Wir danken dem Rumänischen Touristenamt und der Editura Pentru Turism in Bukarest für die wertvolle Mitarbeit. Ergänzende Anregungen, für die wir jederzeit dankbar sind, bitten wir zu richten an:
Polyglott-Verlag, Redaktion, 8 München 40, Postfach 40 11 20.
Alle Angaben (ohne Gewähr) nach dem Stand Januar 1979.

*

Zeichenerklärung:

Eisenbahnverbindungen · Autobusverbindungen
Schiffsverbindungen · Flugverbindungen
Bergbahn · Schwimmbad
Erstklassige Hotels · Gute Hotels
Einfache Hotels · Campingplätze

Die in eckigen Klammern stehenden Ziffern decken sich mit den auf den Plänen eingezeichneten Ziffern.
Kilometerangaben hinter Ortsnamen zeigen die Entfernung vom Beginn der jeweiligen Route aus an.

*

Aussprache des Rumänischen:

ă	etwa wie *e* in Mutt*e*r	j	wie *j* in *J*ourna
c	vor e und i wie *tsch*, vor a, o, u und h wie *k*	s	wie *ss* in Ka*ss*e
g	vor e und i wie *dsch* in *Dsch*ungel, vor a, o, u, und h wie *g*	ş	wie *sch* in *Sch*ule
h	wie *ch* in Ba*ch*	ţ	wie *z* in *Z*ucker
î, â	wie ein *i* mit weit zurückgezogener Zunge (fehlt im Deutschen)	v	wie *w* in *W*asser
		z	wie *s* in Ha*s*e

*

9. Auflage · 1979/80

Printed in Germany / Druckhaus Langenscheidt, Berlin / Bw. II. Le.
ISBN 3-493-60762-8

Athenäum in Bukarest

Land und Leute

Rumänien ist zu allen Jahreszeiten ein ideales Reiseland. Immer mehr Besucher entdecken zwischen *Donau* und *Schwarzem Meer* die prachtvolle Vielfalt seiner Landschaft: von den majestätischen Gipfeln der *Karpaten* über die endlosen Wälder und Hügel, die Wein- und Obstgärten und die weiten Ebenen bis zum breiten Meeresstrand.

Im Winter erwarten die schneebedeckten Hänge des Hochgebirges von *Poiana Braşov*, *Predeal* und *Sinaia* den Skisportler. Im Frühling entfaltet sich im ganzen Land eine herrliche Blütenpracht. Allein in der Hauptstadt *Bukarest* blühen dann über 150000 Rosenstöcke. Und im einzigartigen *Donaudelta* bietet der Frühjahrszug von Hunderttausenden von Vögeln ein eindrucksvolles, grandioses Bild. Im Sommer lockt der sonnige Strand von *Mamaia*, *Eforie* und den anderen Seebädern, aber auch ein Besuch der historischen Stätten im Innern Rumäniens. Der Herbst mit seinen zauberhaften Farben bringt eine Vielzahl von Volkskunst-Festivals und kulturellen Veranstaltungen.

Die wechselvolle Geschichte dieses Landes hinterließ eine Fülle von antiken Bauwerken, mittelalterlichen Burgen und Klöstern sowie Zeugnisse der typisch rumänischen Baukunst.

Die Badeorte an der rumänischen *Schwarzmeerküste* und die Hauptstadt *Bukarest* sind in den letzten Jahren von einer stetig wachsenden Anzahl ausländischer Touristen besucht worden. *Siebenbürgen* und das *Banat* mit den mittelalterlichen Städten sind ebenfalls das Ziel zahlreicher Reisender geworden.

In vielen Städten des Landes, an der Küste und an den Durchgangsstraßen zu den Touristenzentren sind erst kürzlich neue Hotels, Motels und Herbergen entstanden. Dennoch empfiehlt es sich, vor Beginn der Reise nach Rumänien über das Rumänische Touristenamt *ONT-Carpaţi* eine Zimmerbestellung vorzunehmen. Gelang es noch vor einigen Jahren nicht immer, die Erwartungen ausländischer Besucher in Bezug auf Service und Unterkunft zu erfüllen, so ließen gründliche Schulung des Hotelpersonals diese kleinen Pannen heute sehr selten werden. Findet man in kleineren Provinzstädtchen dennoch geringe Unzulänglichkeiten vor, so wird einen die sprichwörtliche Gastfreundlichkeit der rumänischen Bevölkerung und der Zauber der Landschaft gleich wieder versöhnen.

Lage und Größe

Rumänien liegt zwischen dem 43. und 48. nördlichen Breitengrad, also etwa auf der Höhe der *Riviera* und *Mittelfrankreichs*, sowie zwischen dem 20. und 29. östlichen Längengrad, was ungefähr den *Baltischen Staaten* und *Finnland* entspricht. Die Luftlinie *Frankfurt–Bukarest* beträgt rund 2000 Kilometer. Rumänien bedeckt eine Fläche von 237 500 Quadratkilometer, ist also nur wenig kleiner als die *Bundesrepublik*. Vier Staaten grenzen an Rumänien: die *Sowjetunion*, *Ungarn*, *Jugoslawien* und *Bulgarien*.

Das Relief des Landes weist große Unterschiede auf. Im Norden wird die Hochebene von *Siebenbürgen* von den *Karpaten* umschlossen, die stellenweise bis zu 2500 m in den Himmel ragen. Der 900 Kilometer langen Gebirgskette folgt nach Osten und Süden ein welliges Hügelland und dann die weite *Donauebene*, bis sie schließlich das Gestade des *Schwarzen Meers* erreicht. Etwa ein Drittel des Landes ist eben, zwei Drittel sind Berg- und Hügelland.

Berge und Seen

Ein Teil der *Karpatengipfel* ist für Bergtouren durch markierte Wanderwege erschlossen. In manchen Gebieten der langen Gebirgszüge findet sich aber noch heute eine weitgehend unberührte Natur. Zu den bekanntesten Gipfeln der *Karpaten* zählen: der *Moldoveanu* (2543 m), *Negoiu* (2535 m), *Parîngu Mare* (2518 m), *Peleaga* (2509 m), *Omul* (2507 m), *Coştila* (2495 m) und *Iezeru* (2463 m).

Auch an Seen ist das Land reich. Dennoch nehmen die insgesamt 2300 Seen, angefangen von den über 3000 Gletscherseen in den *Karpaten*, kaum ein Prozent der Oberfläche Rumäniens ein. Die größten Seen liegen an der Meeresküste, wie zum Beispiel der *Razelm-See* (394 qkm), der *Sinoe-See* (166 qkm) und der *Zmeica-See* (52 qkm).

Die Gewässer im Gebirge sind nicht nur wegen ihres reichen Fischbestandes bemerkenswert, sondern auch wegen ihrer landschaftlichen Schönheit (*Lacul Roşu*, *Bucura-See*, *Gîlcescu-See*).

Das Meer

Der gegen Sonnenaufgang gerichtete Strand der 245 km langen Schwarzmeerküste mit seinem seidenweichen Sand und beständiger Sonnenbestrahlung, der Kette moderner Seebäder, und das Fehlen von Ebbe und Flut haben einen besonderen Reiz. Neben den eleganten Kurorten bieten ärztlich überwachte Schlamm- und Heilbäder dem Kranken nicht nur die Möglichkeit der Erholung, sondern

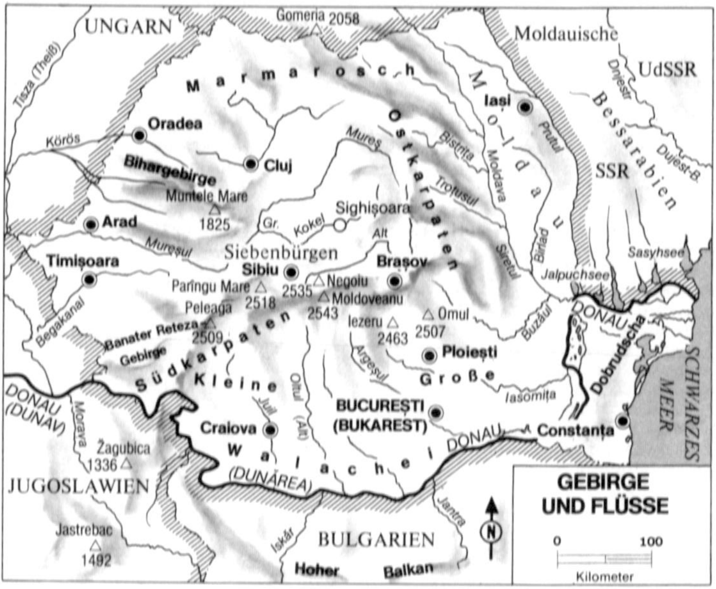

auch der Genesung; weltbekannt sind die rumänischen Verjüngungskuren.

Fauna und Flora

Das vielfältige Tierreich Rumäniens mit über 3600 Spezies entzückt jeden Besucher des Landes. Hirsche, Rehe, Füchse, Wildschweine, Luchse, Fasane und Hunderte von Bären trifft man vor allem im Bergland an. Das urwüchsige Donaudelta ist die Heimat von Pelikanen und Kormoranen sowie Hunderttausenden anderen seltenen Vögeln. Im Hochgebirge leben Gemsen, und in den zahlreichen Wasserläufen tummeln sich Forellen, Lachsforellen, Karpfen, Hechte, Schleien, Barben, Barsche und Welse.

Über ein Viertel der Landesoberfläche ist mit Wäldern bedeckt (Tannen, Buchen, Eichen, Fichten, Erlen usw.). Die großen Tannenwälder vermitteln auch im Winter den Eindruck, daß Rumänien ein Land ewigen Grüns ist.

An den Ausläufern der *Karpaten* dehnen sich die berühmten Weingärten, deren Erzeugnisse in vielen internationalen Wettbewerben mit Medaillen ausgezeichnet wurden. In den Ebenen wogt im Sommer ein grenzenloses Getreidemeer, und in den Naturschutzgebieten im Gebirge und im Donaudelta stehen zahlreiche Pflanzenarten unter Schutz.

Bodenbeschaffenheit

Rings um das Hochland, das als geographisches Zentrum des Landes angesehen werden kann, erheben sich zwei Kränze von Bergen und Hügeln, die wiederum von Ebenen und Tiefebenen abgelöst werden. So erweckt das Relief Rumäniens den Eindruck eines gewaltigen Amphitheaters. Für die Ebene ist die *Donau*, welche das Land auf einer Strecke von 1075 km durchzieht, das bestimmende Merkmal. In sie münden auch alle Flüsse aus den Gebirgen.

Klima

Rumänien verzeichnet ein gemäßigtes Klima mit stark kontinentalen Zügen. Die Sommer sind sehr warm, vor allem in der Ebene, in der auch *Bukarest* liegt (maximal 45°C), die Winter oft schneereich, kalt und lang (Tiefsttemperatur etwa −30°C).

Niederschläge fallen unberechenbar zu allen Jahreszeiten, ebenso sind unvermittelt auftretende, ausgeprägte Dürreperioden keine Überraschung.

Bevölkerung

Rumänien hat (Schätzung 1972) etwa 20,6 Millionen Einwohner, 51% davon Frauen. Knapp 60% der Gesamtbevölkerung wohnt auf dem Land. In *Siebenbürgen*, vornehmlich in der Gegend von *Sibiu/Hermannstadt*, *Braşov/Kronstadt*, *Bistriţa/Bistritz*, *Mediaş/Mediasch*, *Sighişoara/Schäßburg* sowie im Banat in der Nähe von *Timişoara/Temeschwar* wohnen noch 350000 Deutsche. Man kennt sie unter der Bezeichnung *Siebenbürger Sachsen* und *Banater Schwaben*. Die Sachsen kamen vor rund 800 Jahren, die Schwaben unter Kaiserin *Maria Theresia* ins Land. Die Volksdeutschen machen etwa 1,5 Prozent der Gesamtbevölkerung aus. 1930, in einem allerdings weit größeren Rumänien, betrug der Anteil der Volksdeutschen an der Bevölkerung (von damals 18 Millionen) genau das Doppelte, nämlich vier Prozent. Außer den Deutschen leben heute noch 1,6 Millionen *Ungarn* sowie rund 300000 Angehörige anderer Minderheiten in Rumänien.

Die größten Städte des Landes: *Bukarest* (1,60 Mill. Einw.), *Cluj* (205000 Einw.), *Timişoara* (209000 Einw.), *Braşov* (188000 Einw.).

Spuren menschlichen Lebens auf dem Gebiet des heutigen Rumäniens führen zwei Millionen Jahre zurück. Schon im 7. Jahrhundert v. Chr. gründeten die *Griechen* an der *Schwarzmeerküste* in *Histria*, *Tomis* (heute der bedeutende Hafen *Konstanza*) und *Callatis* (jetzt das Seebad *Mangalia*) wichtige Kolonien und Handelsmetropolen. Zwischen dem 6. und 4. Jahrhundert v. Chr. drangen *skythische* Stämme in das heutige *Siebenbürgen* (das auch *Transsylvanien* genannt wird) und die fruchtbare *Dobrudscha* ein. Im ersten Jahrhundert v.Chr. formierte sich dann aus *Dakern* und *Geten* das erste Staatsgebilde im Südwesten *Siebenbürgens*. 106 n. Chr. wurde *Dazien* von den *Römern* endgültig besetzt, die sich erst 165 Jahre später zurückzogen und nicht nur ihre Kultur, sondern vor allem ihre Sprache zurückließen. Daher gehört das Rumänische zu den romanischen Sprachen.

Religion

Rund 80% der 20 Millionen Rumänen gehören der *rumänisch-orthodoxen* Kirche an. Die zweitgrößte Religionsgemeinschaft sind die *Katholiken* mit über einer Million Gläubigen. In mehr als 200 Gemeinden leben die 183000

Mitglieder der *Evangelischen Kirche* (Augsburger Bekenntnis); fast alle von ihnen sind *Volksdeutsche*. Außerdem gibt es noch etwa 140000 *Juden* und knapp 45000 *Moslems* im Lande.

Verfassung

In der *Sozialistischen Republik Rumänien* ist die Kommunistische Partei die führende politische Kraft. Zu den Staatsorganen gehören: die *Große Nationalversammlung*, der *Staatsrat*, der *Ministerrat* (Regierung) und die örtlichen *Volksräte*.

Verwaltung

Rumänien ist in 39 Kreise sowie die Stadtbezirke von *Bukarest* und *Konstanza*, welche eigene Regionen bilden, eingeteilt. Das Land wird zentral regiert. Die Provinzbehörden sind ausführende Organe der Bukarester Regierung.

Eine eigene Provinz bilden auch die Kreise *Covasna* und *Harghita* in *Siebenbürgen*, wo der größte Teil der ungarischen Minderheit lebt. Auch hier haben die Regionalbehörden die Interessen der Volksgruppe wahrzunehmen.

Wirtschaft

Bis zum letzten Krieg war Rumänien vornehmlich Agrarproduzent. Das kommunistische Regime ist erfolgreich bemüht, aus dem Land einen modernen Industriestaat zu machen. Reich an Bodenschätzen und willigen, intelligenten Arbeitskräften, ist es Rumänien gelungen, einer der führenden Industriestaaten Osteuropas zu werden. Schon heute produziert das Land 6,3 Millionen Tonnen *Stahl* im Jahr (1938: 238000 t) und fördert 13,4 Millionen Tonnen Erdöl. Die industrielle Zuwachsrate betrug in den letzten zehn Jahren durchschnittlich 12 bis 13%, in der rasch angewachsenen *Chemieindustrie* sogar weit mehr. 1969 war die Industrieproduktion über zwölfmal so groß wie 1938. Die gesamte Wirtschaft wurde 1948 verstaatlicht. Als Außenhandelspartner Rumäniens nimmt die *Bundesrepublik Deutschland* den zweiten Platz nach der *Sowjetunion ein*.

Über das gesamte Land erstreckt sich ein weites Netz von Straßen mit einer Gesamtlänge von etwa 77000 km. Davon sind 13000 km als National- und Kreisstraßen sehr gut ausgebaut. Dazu kommen noch mehr als 30000 km Gemeindestraßen, die allerdings kaum mehr als befestigte Wege sind.

Der Straßenbau wird im Zuge des steigenden Autoverkehrs und des ständig zunehmenden Autotourismus in besonderem Maße forciert. Die 116 km lange, erste vollständig ausgebaute *Autobahn* von *Pitești* nach *Bukarest* und die 1972 ebenfalls dem Verkehr übergebene „Autostrada" von *Constanța* (*Konstanza*) nach *Mangalia*, durch die Touristenzentren am Schwarzen Meer, zeigen die intensiven Bemühungen des Staates auf diesem Gebiet. Inzwischen sind auch die Arbeiten für eine vierspurige Verbindung von *Bukarest* nach *Brașov* in Angriff genommen worden.

Zwischen Ploieşti und Bukarest ist die allerdings zum Teil durch Ortschaften führende vierspurige Straße bereits fertiggestellt.

Da noch immer sehr viele Straßen eine Kopfsteinpflasterdecke aufweisen, ist es ratsam, besonders bei regnerischem Wetter, sehr vorsichtig zu fahren. Auch auf asphaltierten Straßen, findet man, vor allem in Kurven, noch gepflasterte Abschnitte. (Nähere Hinweise s. S. 15).

Viele Straßen im Gebirge sind kurvenreich und unübersichtlich. Manche rumänische Verkehrsteilnehmer sind noch nicht an den modernen, raschen Straßenverkehr gewöhnt. Ab November bis etwa Anfang März sind Winterreifen in den Bergen zu empfehlen. Alle Nebenstraßen im Gebirge sollten zu dieser Zeit gemieden werden. Häufig gibt es dort einheimische Spezialfahrzeuge, die (wie in *Poiana Brașov*) vom nächstgelegenen Ort den Transport zum Skikurort übernehmen.

Sprache

Im ganzen Land wird Rumänisch gesprochen, das ostromanischen (lateinischen) Ursprungs ist. Daher wird die Grammatik auch weitgehend vom *Lateinischen* bestimmt. Der Wortschatz enthält *vorromanische*, *lateinische*, *slawische*, *neugriechische*, *ungarische*, einige *türkische* sowie seit dem 19. Jahrhundert auch *italienische* und ganz besonders *französische* Worte. Im Laufe der Zeit sind auch *deutsche* Lehnwörter in die Sprache übernommen worden. Seit 1862 schreibt man lateinische (früher kyrillische) Buchstaben. In den Gebieten mit nationalen Minderheiten, wie in *Siebenbürgen* und im *Banat*, hört man auch Deutsch und

Mädchen in Tracht

Ungarisch. Mit Deutsch und etwas Französisch kann man sich häufig in Rumänien verständigen. Besonders bei der Jugend ist Englisch sehr beliebt. Das Bedienungspersonal im Fremdenverkehrsgewerbe spricht meist deutsch. (Regeln über die Aussprache des Rumänischen s.S. 2).

Brauchtum

In kaum einem anderen Land Europas ist die Folklore – Trachten, Tänze, Gesang, Musik – noch in der Gegenwart ein so lebendiger Bestandteil des täglichen Lebens wie in Rumänien. Auf dem Dorf werden selbst zur Feldarbeit vielfach noch Trachten getragen.

Die *Doina*, eine Form der rumänischen Ballade, gehört ebenso zum Repertoire der Volksmusik wie die Töne der Hirtenflöte. Überall tanzt man die *Perinița*, den Polstertanz, oder die lebhafte *Hora*. In den meisten Restaurants spielen Volksmusik-Orchester zur Unterhaltung und zum Tanz.

Eine rumänische Bauernhochzeit oder eine Trauung in einer der zahlreichen orthodoxen Kirchen haben nichts von ihrer Ursprünglichkeit verloren, und wer als Tourist einmal einem solchen Ereignis durch Zufall als Betrachter beiwohnt, kann sicher sein, von der Hochzeitsgesellschaft gleich zum Mitfeiern eingeladen zu werden.

Feiertage

Zu den wichtigsten *Feiertagen* Rumäniens gehören der 1. Mai und der 23. August (Nationalfeiertag), die man im ganzen Land mit Umzügen, Kunst- und Sportdarbietungen und mit Folklore-Veranstaltungen im Freien feiert. Aber auch das *Neue Jahr* und das orthodoxe *Osterfest* werden fröhlich und feierlich begangen. In allen Kirchen werden mitternächtliche Ostermessen gelesen. Auch in den katholischen und protestantischen Gemeinden sind die christlichen Festtage noch immer Höhepunkte des Kirchenjahrs.

Festspiele

Ein umfangreicher Festspielkalender ist für den Rumänienreisenden deshalb von Interesse, weil die meisten Veranstaltungen in der Hauptreisezeit abgehalten werden. Karten können über das *Staatliche Touristenamt* oder ein Reisebüro bestellt werden. Die vier bekanntesten Festspiele finden in *Mamaia* am *Schwarzen Meer* statt, dem Reiseziel vieler Ausländer.

Alle drei Jahre (zuletzt 1976) begeht Rumänien im Herbst das *Enescu-Festival* in *Bukarest*, einen weltbekannten internationalen Wettbewerb für Violine, Klavier und Canto.

In *Mamaia* finden alle zwei Jahre (zuletzt 1978) die *Weltfestspiele* der Puppen-, Marionetten- und Zeichentrickfilme statt. – Jedes Jahr werden im Juni, ebenfalls in *Mamaia*, die *Festspiele* des rumänischen *Films* abgehalten. – Im August sind *Mamaia*, *Sinaia*, *Eforie*, *Mangalia* und *Bukarest* Schauplätze der *Festspiele* des rumänischen Volkslieds, des Volkstanzes und der Volkstrachten.

Mitte August werden, gleichfalls in *Mamaia*, die *Festtage* der rumänischen *Unterhaltungsmusik* abgehalten.

Auf dem *Găina-Berg* in *Siebenbürgen* findet jedes Jahr im Juli ein sogenannter *Mädchenmarkt* statt, bei dem die Schönen der Umgebung einen Freier suchen. Anfang März findet alljährlich in *Brașov* ein internationales Festival für Unterhaltungsmusik statt.

Unterhaltung

Die großen Bühnen und Opernhäuser in Bukarest und den Provinzhauptstädten haben einen anerkannt guten Ruf. Es werden klassische und moderne Stücke rumänischer und westlicher Autoren gespielt. In *Timișoara/Temeschwar* und *Sibiu/Hermannstadt* gibt es deutsche Theater. Viele Kinos bringen deutsche Filme in Originalfassung mit rumänischen Untertiteln. In Tanzlokalen, Nachtklubs und Bars spielt man meist westliche Musik.

Geschichtlicher Überblick

Die ersten Siedlungen im Gebiet des heutigen Rumänien können 200000 bis 300000 Jahre v. Chr. zurückverfolgt werden. Etwa 2000 v. Chr. entstanden aus nomadisierenden Schafhirten die Stämme der Daker und Geten.

514 v. Chr. Die Geten schließen sich mit den Thraziern und Illyrern zusammen.

Um 190 v. Chr. Die Daker gründen in Siebenbürgen einen machtvollen Militärstaat. Ihr Machtanspruch erstreckt sich auch auf die Gebiete der *Geten*, die teilweise von ihnen abhängig werden.

106 n. Chr. Das *Dakerland* wird nach zwei Kriegen gegen die *Römer* (Kaiser *Trajan*) von Rom besetzt und bleibt bis 271 unter römischer Herrschaft. Die römische Provinz *Dacia* wird von Legionären und Kolonisten besiedelt.

3. bis 9. Jahrhundert *Goten*, *Hunnen*, *Gepiden*, *Awaren* und andere Wandervölker durchziehen das heutige Rumänien und unterwerfen teilweise die einheimische Bevölkerung.

9. bis 10. Jahrhundert In *Siebenbürgen*, der nördlichen *Moldau* und der *Walachei* bilden sich die ersten Fürstentümer (*Woiwodschaften*). Schon wenig später aber wird *Siebenbürgen* von den *Ungarn* unterworfen.

1150 König *Géza II.* von Ungarn holt zur Sicherung gegen Einfälle aus dem Osten deutsche Siedler und den *Deutschen Ritterorden* nach *Siebenbürgen*. Der Orden gründet zahlreiche Städte, die noch heute Zentren der deutschstämmigen Bevölkerung sind (*Kronstadt*, *Hermannstadt* u.a.).

1211 König *Andreas II.* von Ungarn schenkt dem *Deutschen Ritterorden* Land in der Nähe von *Kronstadt*.

1230–59 Die *Moldau* und die *Walachei* werden unabhängige Fürstentümer.

15. bis 16. Jahrhundert Die Fürstentümer setzen sich gegen die *Türken* zur Wehr. In zahlreichen erbitterten Schlachten versuchen *Stephan der Große*, *Johann der Grausame*, *Mircea der Alte* und andere, die Türken abzuwehren. Es gelingt nicht ganz. Die *Moldau* und die *Walachei* fallen unter türkische Oberhoheit, behalten aber ihre eigenen Fürsten und ein gewisses Maß an Selbständigkeit. Die mittelalterlichen Baudenkmäler Rumäniens machen diesen Abwehrkampf auch heute noch deutlich.

1593–1601 *Michael der Tapfere* erobert aus der *Walachei* das Fürstentum *Moldau* und *Siebenbürgen* und kann die drei Fürstentümer 1601 für kurze Zeit vereinigen.

17. und 18. Jahrhundert Der Einfluß der Türken nimmt ab. Habsburg und die Zarenkrone streiten um die rumänischen Fürstentümer. Aufstände von Bauern und Bergleuten.

1821 Ein Aufstand in der Walachei unter der Führung von *Tudor Vladimirescu* gegen das Feudalsystem und die Türken bleibt erfolglos.

1848 Revolutionen in der Walachei, Moldau und Siebenbürgen unter der Führung von *Nicolae Bălcesçu* werden von ausländischen Armeen erstickt.

1859 Unter dem Fürsten *Alexandru Joan Cuza* werden die beiden Fürstentümer Walachei und Moldau vereinigt.

1864 *Alexandru Joan Cuza* schafft die Leibeigenschaft ab.

1866 Der Fürst wird zur Abdankung gezwungen. Prinz *Karl von Hohenzollern-Sigmaringen* wird durch Volksabstimmung als *Carol I.* Landesfürst.

1877 Rumänien erringt seine staatliche Unabhängigkeit.

1878 Rumänien wird auf dem *Berliner Kongreß* als unabhängiger Staat bestätigt.

1881 Rumänien wird unter *Carol I.* Königreich.

1907 Ein großer Bauernaufstand wird blutig niedergeschlagen.

1914 *Carol I.* folgt dessen Neffe *Ferdinand I.* auf den Thron.

Nach dem Ausbruch des ersten Weltkrieges bleibt Rumänien zwei Jahre neutral.

1916 Kriegseintritt auf Seiten der *Entente*, die dem Land Unterstützung bei der Vereinigung mit Siebenbürgen zusagt.

1918 Niederlage der österreichisch-ungarischen Monarchie begünstigt den

Anschluß Transsylvaniens. Am 1. 12. verkündet eine Volksversammlung in *Alba Julia* die Vereinigung.

1919/20 Durch die *Pariser Friedensverträge* erhält Rumänien einen beträchtlichen Gebietszuwachs (außer *Siebenbürgen* noch *Bessarabien*, die *Bukowina*, das *Banat*).

1921 Die Kommunistische Partei Rumäniens wird gegründet.

1923 Eine neue Verfassung führt das allgemeine Wahlrecht ein.

1924 Die erste große Agrarreform wird abgeschlossen.

1925 Kronprinz *Carol* verzichtet unter Zwang auf die Thronfolge.

1927 Ein Regentschaftsrat übernimmt nach dem Tode von *Ferdinand I.* für den noch minderjährigen Prinzen *Michael* die Staatsführung. *Ionel Brătianu*, Führer der Liberalen, stirbt.

1930 Kronprinz *Carol* kehrt aus dem Ausland zurück und wird als König *Carol II.* anerkannt.

1933 Aufstand der Eisenbahner in den *Griviţa-Werken* unter Führung des späteren Staats- und Parteichefs *Gheorghe Gheorghiu-Dej.* Die Revolte wird niedergeschlagen.

1938 *Carol II.* errichtet eine Königsdiktatur.

1939 Die rumänische Regierung knüpft enge wirtschaftliche Beziehungen zu Hitler-Deutschland. Diese Annäherung stürzt das Land in heftigen inneren Zwiespalt.

1940 Am 30. August wird auf Grund des von Deutschland, Italien und der Sowjetunion erzwungenen *Wiener Diktats* Nordsiebenbürgen Ungarn angeschlossen. Teile der Bukowina und ganz Bessarabien fallen an die Sowjetunion und ein Gebiet der Dobrudscha an Bulgarien. Der Abdankung *König Carols II.* am 6. September zugunsten seines Sohnes *Michael* folgt die Machtergreifung durch die militär-diktatorische Regierung *Ion Antonescus*, eines Anhängers des Bündnisses mit Deutschland.

1941 Kriegseintritt Rumäniens an der Seite *Hitlers* gegen die UdSSR.

1944 Am 23. August wird die Militärdiktatur durch einen bewaffneten Aufstand gestürzt. *Antonescu* und seine Regierung werden verhaftet. Die rumänische Armee setzt den Krieg auf der Seite der Alliierten gegen Deutschland und seine Verbündeten fort.

1945 König *Michael I.* ernennt unter Druck die erste demokratische Regierung.

1947 Rumänien wird *Volksrepublik.* König *Michael* geht außer Landes.

1948 Kommunisten und Sozialdemokraten vereinigen sich zur *Rumänischen Arbeiterpartei*, die bei den Wahlen zur Nationalversammlung im gleichen Jahr als Sieger hervorgeht. – Schwerindustrie, Banken und Versicherungen sowie das Verkehrswesen werden verstaatlicht.

1952 Die *Große Nationalversammlung* verabschiedet die neue Verfassung der Volksrepublik Rumänien.

1955 Rumänien wird Mitglied des *Warschauer Paktes* und der *Vereinten Nationen.*

1958 Staatspräsident *Petru Groza* stirbt, sein Nachfolger wird *Ion Gheorghe Maurer.*

1965 stirbt *Gheorghe Gheorghiu-Dej*, langjähriger Chef der rumänischen Kommunisten.

Nicolae Ceauşescu wird als Nachfolger von Gheorghiu-Dej neuer Generalsekretär der rumänischen KP. Auf dem Parteitag im gleichen Jahr wird die Rumänische Arbeiterpartei in *Kommunistische Partei Rumäniens* umbenannt. Auch der Landesname wird geändert: er lautet jetzt *Sozialistische Republik Rumänien.* Eine neue Verfassung wird angenommen.

Im Mai findet eine große deutsche *Industrieausstellung* in Bukarest statt.

1967 Im Januar werden seitens der Bundesrepublik mit Rumänien als erstem Land Osteuropas außer der Sowjetunion diplomatische Beziehungen aufgenommen. Im August stattet Bundesaußenminister *Willy Brandt* Bukarest einen offiziellen Besuch ab.

1969 Vertiefung der engen wirtschaftlichen Beziehungen zwischen der Bundesrepublik Deutschland und Rumänien.

1972 Erste Exportartikelausstellung Rumäniens, „Rumänien 72", in der BRD.

1973 Staatspräsident *Ceauşescu* besucht die Bundesrepublik.

1974 Weltbevölkerungskonferenz in Bukarest.

1976 Bundeskanzler Schmidt besucht Rumänien.

1977 Schweres Erdbeben in Bukarest und Umgebung. Mit großen Anstrengungen werden die Spuren der Katastrophe beseitigt.

Daker, Griechen und Römer, Slawen und Wandervölker, Deutsche und Ungarn und die christlichen Glaubensgemeinschaften haben dazu beigetragen, die Kultur des Landes zu prägen. Schon im frühen Mittelalter entwickelte sich (vor allem in der Moldau) eine eigene und sehr typische rumänische Ausdrucksform in der Malerei und der Architektur. Heute sind vor allem aus dem Musikleben, aus der Malerei und Stickerei die Einflüsse der Folklore nicht mehr wegzudenken.

Architektur

Vier große Epochen bestimmen den Stil der rumänischen Architektur: die *griechische* und *römische* Besatzung in der Zeit um Christi Geburt und in den ersten Jahrhunderten danach; die Epoche von *Stephan dem Großen* und anderen Fürsten aus der Moldau; später dann im 18. Jahrhundert der *Brîncoveanu-Stil* und schließlich die Architektur der Gegenwart, die sich nach italienischen und südamerikanischen Vorbildern zu orientieren scheint.

Aus der griechisch-römischen Zeit sind noch zahlreiche Ruinen und Bauwerke erhalten. Sie werden vom rumänischen Staat als Beispiele der römischen Vergangenheit des Volkes liebevoll gepflegt.

Die Zeugnisse aus der dakisch-römischen Epoche finden sich vor allem am Schwarzen Meer. In *Konstanza* werden in einem Museum und einer Freilichtsammlung die wichtigsten Stücke gezeigt. In *Histria* ist eine Siedlung freigelegt worden, und am Hafen von *Konstanza* wurde ein riesiges Mosaik (3.–6. Jh.) von 700 qm restauriert.

Die Klöster *Stephans des Großen* u.a. in der Moldau zeugen noch heute von der erstaunlichen Bau- und Malkunst der Rumänen des Mittelalters. Bei den meisten dieser noch immer bewohnten Klöster sind die bunten Außenfresken noch so frisch wie vor 500 Jahren. Diese Kette von Klosterkirchen im sanften Hügelland der Moldau hat einen sehr eigenen rumänischen Stil bis heute unversehrt erhalten, allerdings deutlich beeinflußt durch byzantinische und gotische Elemente.

Die Kirchen und Burgen in *Siebenbürgen* sind viel eindeutiger von mitteleuropäischen Stilformen beeinflußt (z. B. die rein gotische *Schwarze Kirche* in *Kronstadt*). Hier, im deutschen Siedlungsgebiet, sind die *Trutzburgen* von *Bran*, *Deva*, *Rîşnov* sowie die Kirchenburgen von *Braşov/Kronstadt*, *Sibiu/Hermannstadt* und anderen Städten Zeugnisse vergangener Epochen, in denen deutsche Bauern und Ritter das Land gegen Eindringlinge verteidigten.

Für den *Brîncoveanu-Stil* des frühen 18. Jahrhunderts sind die Schlösser von *Mogoşoaia* (bei *Bukarest*) und von *Potlogi* sowie der Konvent von *Hurezu* typisch.

Die moderne rumänische Architektur kommt am besten in den neuen Stadtteilen von *Bukarest* und am *Schwarzen Meer* zum Ausdruck.

Plastik und Malerei

Die rumänische Malkunst mit ihren stark spürbaren Einflüssen romanischer, byzantinischer, gotischer und italienischer Stilelemente hat sich im Lauf der Jahrhunderte aus primitiven Malereien ländlicher Künstler entwickelt. Vor allem die Kirchenmalerei – Innen- und Außenfresken, Ikonen, Altarbilder – hat einen unverkennbaren Einfluß auf die Entwicklung dieser Kunstgattung genommen. Gleichermaßen waren aber auch die ökonomischen und sozialen Zustände im alten Rumänien Gegenstand zahlreicher Darstellungen.

Der Gründer der neueren rumänischen Malschule, *Nicolae Grigorescu* (1838 bis 1907), ist beispielsweise durch seine Bilder von rumänischen Bauern und seine Dorfszenen berühmt geworden. In den ersten Dekaden des 20. Jahrhunderts setzte sich eine Gruppe der sogenannten realistischen und fortschrittlichen Maler durch, die vor allem vom heutigen Regime geschätzt werden. Hierzu gehören *Ştefan Luchian* (1868–1916) und *Octav Băncilă* (1872 bis 1944) sowie der Kreis um *I. Iser*, *G. Petraşcu* und *Şt. Dimitrescu*.

Die umfangreichste Sammlung rumänischer Malerei befindet sich im *Nationalmuseum* in Bukarest. Aber auch das *Brukenthal-Museum* in *Sibiu/Hermannstadt* enthält wichtige und repräsentative Stücke. In den Klostermuseen sind einmalige Zeugnisse sehr früher Kirchenmalerei – insbesondere Ikonen – zur Schau gestellt. Hier lassen sich die einzelnen Stilelemente am besten verfolgen, die auf die religiöse Malerei einwirkten.

In der Bildhauerei hat Rumänien einen Künstler von Weltruf hervorgebracht, *Constantin Brâncuşi* (1876–1957), der Wesentliches zur Entwicklung der abstrakten Skulptur beigetragen hat (Werke sind in *Tîrgu Jiu* zu sehen). Sonst bewegte sich die moderne Bildhauerei lange in den für viele kommunistisch regierte Länder typischen Bahnen der Monumentalkunst.

Musik und Literatur

Die wechselvolle Geschichte des Landes hat die Entwicklung einer über die Grenzen hinaus bedeutsamen rumänischen Musik bis in das vergangene Jahrhundert hinein gehemmt. International sind eigentlich nur *George*

Burg Bran in Siebenbürgen

Enescu (1881–1955) als Komponist und *George Georgescu* als Dirigent bekannt geworden. Die Werke von *Enescu* sind sichtlich von Elementen der rumänischen Volksmusik beeinflußt. Zu den namhaften Interpreten, die an Bühnen oder in den Konzertsälen des Auslandes ihren Ruf begründeten, gehören die Sänger *Nicolae Herlea*, *Zenaida Pally*, *Iolanda Mărculescu*, *Ion Dacian* sowie zwei deutsche Organisten: *Helmut Plattner* und *F. X. Dressler*. In Italien lebt der aus Rumänien stammende weltbekannte Dirigent *Sergiu Celibidache*. Gheorgie Zamfir erzielt mit seiner Panflöte auch in Westeuropa große Erfolge.

Ganz im Gegensatz zu dem außerhalb Rumäniens weniger bekannten Musikschaffen einheimischer Komponisten sind die Werke der rumänischen Klassiker der Literatur und des Dramas weltbekannt. Wie u.a. in Deutschland und Ungarn, so gehörten auch in Rumänien der revolutionären Bewegung von 1848 vor allem Schriftsteller und Dichter an (*Nicolae Bălcescu*, *Cezar Bolliac*, *Mihail Kogălniceanu*).

In der zweiten Hälfte des vorigen Jahrhunderts bis zum Ersten Weltkrieg werden Dichter und Prosaschriftsteller wie *Mihail Eminescu*, Erzähler wie *Ion Creangă* und Dramatiker und Novellisten wie *Ion Luca Caragiale* international berühmt. *Eminescu* gilt als größter Dichter der neueren rumänischen Literatur, die schon einmal, im Mittelalter und vor allem zur Zeit *Stephans des Großen*, in höchster Blüte stand.

Ein namhafter, moderner Autor parodistischer Theaterstücke, *Eugen Ionescu*, ist gebürtiger Rumäne. Er lebt seit 1938 in Paris und ist Vertreter des französischen Antitheaters.

Anerkannte Lyriker aus der Zeit vor und nach dem Zweiten Weltkrieg sind *Tudor Arghezi*, *Lucian Blaga*, *G. Călinescu*, *E. Jebeleanu*. – Ein sehr talentierter Romancier der jüngeren Generation ist *Eugen Barbu* (geb. 1924).

Kulturleben der Gegenwart

Das reichhaltige kulturelle Leben in Rumänien liegt sowohl im Temperament seiner Bewohner als auch in der Aufgeschlossenheit gegenüber fremden Kulturkreisen begründet. Das Theater- und Konzertleben in Bukarest kann sich mit dem jeder anderen europäischen Hauptstadt messen. Eine Vielzahl von Museen und Ausstellungen fördern die bildende Kunst.

Sozialistische Tendenzen innerhalb der Literatur – und das umfaßt Drama wie Belletristik – werden nach wie vor gefördert, und der sogenannte sozialistische Realismus spielt in der bildenden und darstellenden Kunst eine führende Rolle. Das Bücherangebot – auch in deutscher Sprache – ist reichhaltig und preisgünstig.

Das ganze Jahr über ist „Saison“. Gerade in der Hauptreisezeit – vom Frühjahr bis Herbst – gastieren viele ausländische Theater- und Opernensembles in Rumänien. Die *Comédie Française* und das *Old Vic Theatre* gehören zu den ständigen Gästen.

Bei den *Enescu-Festspielen* treten regelmäßig berühmte ausländische Interpreten auf.

Speisen und Getränke

Die rumänische Speisekarte weist eine Vielzahl von pikanten Nationalgerichten, aber auch alle wichtigen Speisen der internationalen Küche auf. Der Wein ist für seine Qualität und die Vielfalt der Geschmacksrichtungen berühmt.

Das Mittagessen wird ungefähr zur gleichen Tageszeit eingenommen wie bei uns. Das Abendessen aber wird gewöhnlich erst gegen 21 Uhr verzehrt. Den Ausländern zuliebe wird das Abendessen ausnahmsweise in Restaurants auch schon ab 19 Uhr serviert.

Zum *Frühstück* wird Tee, Kaffee oder Kakao gereicht. Wer den landesüblichen schwarzen „türkischen Kaffee" nicht verträgt, kann auch Filterkaffee bestellen. Sahne zum Kaffee ist selten, auch Milch muß man gesondert verlangen. Wer an mitteleuropäischen Kaffee gewöhnt ist, tut gut daran, eventuell Pulverkaffee mitzunehmen. Der rumänische Kaffee ist scharf gebrannt. Außer weißen Brötchen, die für den deutschen Geschmack zu weich gebacken sind, gibt es Hörnchen und Brioche zum Frühstück.

Vielerorts ist es üblich, zum Frühstück auch Käse („telemea" oder „caşcaval") sowie *Hermannstädter Salami* (Salam de Sibiu) zu servieren. Natürlich gibt es Butter, Marmelade, Eier und ausgezeichnete Obstsäfte (sogenannten „Nectar"). Besonders zu empfehlen ist der rumänische Joghurt. Alle Bestandteile des Frühstücks, also z.B. die Butter und die Marmelade, erscheinen auf der Rechnung als Einzelposten.

Mittag- und *Abendessen* gleichen sich in etwa. Abends wird häufiger Fleisch und seltener Suppe gegessen. Zu den beliebtesten *Vorspeisen* gehört der *Kaviar*. Ihn gibt es in drei Sorten: rumänischer (schwarzer) Kaviar, der im Donaudelta vom Stör gewonnen wird; mandschurischer (roter) Kaviar und (weißer) Karpfenkaviar. Letzterer ist am preiswertesten. Sehr beliebt als Vorspeise ist auch eine *kalte Platte* mit Salami, Käse, Radieschen, Zwiebeln, Tomaten und Oliven.

Unter *Suppen* findet man auf der Karte vor allem eine Spezialität: eine „Ciorbă". Das ist eine säuerliche Gemüsesuppe mit Fleisch, Huhn oder Fisch.

Sehr reichhaltig ist das Angebot an frischem *Fisch*. Zander, Karpfen, Schill, Forelle, Salm sind fast das ganze Jahr über auf der Speisekarte. Hingegen ist die Auswahl an *Gemüsen* oft begrenzt. Meist findet man nur Karotten, Erbsen und Bohnen. Das wird aber durch eine Vielzahl von *Salaten* ausgeglichen.

Fleischgerichte werden gekocht, gebraten, gegrillt oder kalt angeboten. Hier herrschen Rind- und Schweinefleisch vor. Kalbfleisch ist ebenso selten wie Wild.

Spezialitäten

Zu den rumänischen *Nationalgerichten* gehören „mămăligă cu brînză", ein pikanter Maisbrei mit Weißkäse, sowie „sarmale", kleine Fleischrollen in Kraut gewickelt. Wer Knoblauch mag, sollte „mititei" versuchen, scharfe Fleischbällchen, die einen unverkennbaren Duft ausströmen und am Rost gebraten werden. Auch *gebackener Käse* zählt zu den rumänischen Spezialitäten. An *Süßspeisen* findet man ungefähr das gleiche Angebot wie in Mitteleuropa. Eine rumänische Besonderheit sind „Clătite", eine Art Eierkuchen (Plinsen), und „Papanaşi", schmalzgebackene Käseklößchen mit saurer Sahne.

Die *Weinkarte* verzeichnet unter trokkenen weißen Weinen: *Tîrnava*, *Fetească*, *Riesling*, *Grünsilvaner*. Halbtrockene weiße Weine sind: *Muscat Ottonel*, *Traminer*, *Perla Tîrnava*. Weiße Dessertweine: *Murfatlar*, *Cotnari*. Trockene Rotweine: *Cabernet*, *Cabinet*, *Pinot Noir*. Ferner gibt es die berühmte „Tzuika", einen rumänischen Pflaumenschnaps, der ähnlich wie der jugoslawische Sliwowitz schmeckt. Auch der rumänische Kognak und der halbsüße *Sekt* sind zu empfehlen. Das rumänische *Bier* ist sehr bekömmlich und nicht immer nach mitteleuropäischem Geschmack gebraut. Je nach der Güteklasse des Lokals wird ein zehn- oder zwölfprozentiger Bedienungszuschlag erhoben. Hierzu kommt dann noch ein Trinkgeld, wie man es von zu Hause gewöhnt ist. Der Kellner findet nichts dabei, wenn der Gast die Rechnung überprüft. Der Pikkolo, der für Getränke zuständig ist, bekommt noch ein kleines Extratrinkgeld.

Ausführlichere Angaben über Speisen und Getränke und deren Aussprachebezeichnungen siehe Polyglott-Sprachführer „Rumänisch".

Reisewege und Fahrpreise

Mit der Eisenbahn

Etliche Schnell- und Fernzüge verbinden Mitteleuropa mit Rumänien. Der „Wiener Walzer" erreicht den *Bukarester Nordbahnhof* über *Zürich*, *Wien*, *Budapest* und *Curtici*. Der „Orient-Express" aus *Paris* führt über *München*, *Wien*, *Budapest* nach *Bukarest*. Der „Balt-Orientexpress" kommt aus *Berlin* und erreicht Bukarest über *Prag* und *Budapest*. Der „Simplon-Express" startet in *Venedig* und fährt weiter über *Zagreb*, *Belgrad*, *Moraviţa* nach Bukarest. Auch von den übrigen osteuropäischen Ländern aus bestehen gute Verbindungen.

Mit dem Auto

Wählt man die Route durch Ungarn, verläßt man in Wien die Autobahn und benutzt die *E 15* nach Budapest. Hier ergeben sich zwei Alternativen. Man kann auf der *E 15* bleiben und die Grenze bei *Borş* passieren und erreicht *Oradea* als erste Stadt in Rumänien; oder man fährt von Budapest über *Szeged* zum Grenzübergangspunkt *Nădlac* und gelangt auf der *N 7* nach Arad. Eine weitere Variante bietet der Grenzübergang *Vărşand*, den man auf der ungarischen Nationalstraße von *Bekescsaba* über *Gyula* erreicht. Auf der *N 79 A* führt die Straße in Rumänien dann in *Chişineu Criş* auf die *N 79*, nach *Arad*.

Auch die Fahrt durch Jugoslawien bietet mehrere Möglichkeiten. Von *München* über *Salzburg* durch den *Felber-Tauern-Tunnel* fährt man entweder bei *Villach* über den *Wurzenpaß* oder von *Klagenfurt* über den *Loiblpaß* und benutzt ab Ljubljana den „Autoput". Man kann auch von *Innsbruck* über den *Brenner* nach Italien fahren, bei *Toblach* wieder nach Österreich und über den *Wurzenpaß* nach Jugoslawien.

In *Belgrad* verläßt man die *E 94* und fährt über *Pančevo* nach *Vršac* und weiter zum rumänischen Grenzübergang *Stamora-Moraviţa*. Man kann auf dem Weg von Belgrad zur Grenze jedoch auch in *Uljma*, 72 km, nach rechts abzweigen und den Weg über *Bela Crkva* nach *Naidăş* wählen.

Eine weitere Möglichkeit, bei der man Belgrad umgehen kann, bietet sich an, wenn man etwa 55 km vor Belgrad den *Autoput* in Richtung *Novi Sad* verläßt und nach Zrenjanin fährt. Über *Srpska Crnja* passiert man die Grenze bei *Jimbolia*. Von dort sind es auf der *N 59 A* noch 45 km bis *Timişoara*.

Vom jugoslawischen Grenzort *Kladovo* führt eine neue Straße auf die *N 6* nach Rumänien, Richtung *Turnu Severin*. Von Belgrad aus ist dies der kürzeste Weg nach Bukarest.

Für die Reise durch Ungarn benötigt man ein kostenpflichtiges Visum, das auch an der Grenze ausgestellt wird. Man erhält es in Deutschland beim ungarischen Konsulat und bei den Zweigstellen des ungarischen Verkehrsbüros IBUSZ. Ungarn verlangt weiterhin den Internationalen Führerschein.

Die Grüne Versicherungskarte ist für beide Durchreiseländer zu empfehlen. Die Fahrt durch Jugoslawien ist ohne besondere Grenzdokumente möglich, Reisepaß genügt.

Die Hauptrouten führen vom Grenzübergang *Borş* auf der *N 1* über *Cluj*, *Sibiu*, *Braşov* nach *Bukarest* oder von *Moraviţa* über *Timişoara*, *Drobeta Turnu Severin*, *Craiova*, *Piteşti* nach *Bukarest*.

Mit dem Schiff

Außer den gelegentlichen Schiffsverbindungen vom *Mittelmeer* nach *Konstanza* gibt es noch die Möglichkeit, von *Wien* aus mit modernen Donaudampfern durch *Ungarn*, durch *Jugoslawien* und dann 500 km weit an *Bulgariens* Grenze entlang nach Rumänien (bis ins *Donaudelta*) zu reisen.

Mit dem Flugzeug

Die deutsche *Lufthansa*, die rumänische Luftfahrtgesellschaft *TAROM*, die österreichische *AUA*, die französische *Air France*, die amerikanische *PAN AM* u.a. fliegen Rumänien im Linienverkehr ebenso an wie die Luftfahrtgesellschaften Osteuropas. Mit *Wien* ist *Bukarest* durch die *TAROM* und die *AUA*, mit *Frankfurt* durch die *Lufthansa* und *TAROM*, mit *Zürich* durch *Swissair* und

TAROM verbunden. Außerdem haben Reisebüros im Sommer wie im Winter Charterflüge direkt ans Schwarze Meer (*Konstanza*) und nach *Bukarest* eingerichtet.

Mit der Eisenbahn nach Bukarest

Von		1. Kl. DM	2. Kl. DM
Berlin	E	282,20	190,40
(über *Prag*)	R	526,10	356,60
Frankfurt/Main	E	156,—	108,60
	R	312,—	217,20
Hamburg	E	331,—	219,60
	R	608,—	405,20
München	E	158,80	131,60
	R	317,60	263,20
		ö.S.	ö.S.
Wien	E	1390,—	956,—
	R	2780,—	1912,—
		sfr.	sfr.
Zürich	E	229,40	157,80
	R	447,80	308,20

E = einfache Fahrt
R = Hin- und Rückfahrt

Mit dem Flugzeug nach Bukarest

Von		Econ.Kl. DM
Berlin	E	686,—
	R	1372,—
Frankfurt/Main	E	603,—
	R	1206,—
Hamburg	E	677,—
	R	1354,—
München	E	515,—
	R	1030,—
		ö.S.
Wien	E	3110,—
	R	6220,—
		sfr.
Zürich	E	564,—
	R	1128,—

Die Preise in der I. Klasse liegen um etwa 50% höher.

Mit dem Schiff nach Rumänien

Vom Mai bis Oktober verkehren zwischen *Wien* und *Rumänien* wöchentlich die schnellen Donaudampfer „*Carpați*" und „*Oltenița*". Die Fahrt nach Rumänien dauert sieben Tage. In *Budapest*, *Belgrad* und bei *Bukarest* besteht die Möglichkeit zu Landausflügen.

Man kann die Schiffsreise auch mit einem Badeurlaub an der Schwarzmeerküste kombinieren.

REISEN IN RUMÄNIEN

Eisenbahn

Eisenbahnreisen innerhalb des Landes sind preiswert, da kein fester, sondern ein gleitender Tarif, der mit zunehmender Distanz sinkt, als Berechnungsgrundlage für die Fahrpreise dient.

Die Tarife für 100 km liegen in der 1. Klasse bei 32 Lei und in der 2. bei 21 Lei. Für 200 km sind 62 Lei in der 1. und 41 Lei in der 2. Klasse zu zahlen.

Für Schnell- und Fernschnellzüge müssen Zuschläge entrichtet werden. Sie betragen für Schnellzüge in der I. Kl. 6,— Lei und in der II. Kl. 4,— Lei bis 250 km und das Doppelte bei größeren Entfernungen. Bei FD-Zügen lauten die entsprechenden Preise 10,— Lei und 7,— Lei bzw. 14,— und 10,— Lei. Zu den Seebädern an der *Schwarzmeerküste* fahren Sonderzüge. Fahrkarten sind entweder bereits einen Tag vor der Reise oder etwa $1^1/_2$ Stunden vor Abfahrt erhältlich. Es empfiehlt sich, von diesem „Vorverkauf" Gebrauch zu machen, um unliebsames Schlange stehen zu vermeiden.

Autobus

Das *Rumänische Touristenamt* hat für Ausländer regelmäßige Ausflugsrouten mit Autobussen eingerichtet. Diese Fahrten müssen in Devisen bezahlt werden.

Flugzeug

Alle größeren Städte des Landes sind auf dem Luftweg zu erreichen.

Die Flüge der rumänischen Fluggesellschaft TAROM (*Transporturile Aeriene Române*) sind äußerst preisgünstig. Die Flugzeuge führen nur eine Klasse.

Flüge von Rumänien ins Ausland müssen von Touristen aus westlichen Ländern stets in Devisen bezahlt werden. Buchungen von Flugtickets kann man in den TAROM-Agenturen für In- und Auslandsflüge, in den Zweigstellen des rumänischen Touristenamtes (nur für Auslandsflüge) und im Ausland an den Schaltern der Reiseagenturen vornehmen.

Schiff

NAVROM, die staatliche Schiffahrtsgesellschaft, verfügt über direkte Verbindungen zwischen den Donauhäfen *Cernavodă*, *Hîrșova*, *Galați*, *Tulcea*, *Sulina* und *Sf. Gheorghe*.

Praktische Hinweise

Autofahrer

1972 hat Rumänien die obligatorische Haftpflichtversicherung für Kraftfahrer eingeführt.

Einfaches Benzin „normal“ (75 Oktan) kostet 3 Lei, *Normalbenzin* „regular“ (90 Oktan) 4,35 Lei und *Superbenzin* „premium“ (98 Oktan) 4,50 Lei. Für *Dieselöl* sind 1,50 Lei pro Liter zu zahlen. *Motorenöl* schwankt je nach Güte zwischen 5,90 und 15,70 Lei, und *Schmierstoffe* sind von 12,65 bis 23,40 Lei zu haben.

Auf dem Land ist es empfehlenswert, sich in der Nacht mit ausreichendem Benzin zu versorgen. Die Zweigstellen des rumänischen Touristenamtes geben in Zusammenarbeit mit den deutschen Automobilclubs Benzingutscheine für „premium“ für 0,80 DM pro Liter aus. Man erhält sie auch bei den Clubs in Deutschland.

Autoreparaturwerkstätten „auto service“, gibt es in allen Städten und in den wichtigsten Orten an den touristischen Durchgangsstraßen. Zwar gibt es für viele bei uns gängige Typen keine Ersatzteile, doch die rumänischen Automechaniker sind geübte Bastler. Falls man einen Ölwechsel durchführen lassen möchte, kann man sich die Markenöle in nahezu jedem der in allen Touristenzentren vorhandenen Devisenkaufläden in westlicher Währung besorgen und in den Motor einfüllen lassen, aber auch die einheimischen Öle haben gute Qualität. Eine eigene Luftpumpe ist sehr nützlich, da an den meisten Tankstellen keine Möglichkeit besteht, die Reifen aufpumpen zu lassen.

In Rumänien fährt man rechts; außerhalb der Ortschaften besteht eine Geschwindigkeitsbegrenzung auf 100 km/h für Pkws, im Ort liegt das Limit bei 60 km/h. Unerfahrene rumänische Verkehrsteilnehmer führen auf der Windschutzscheibe ein schwarzes Ausrufungszeichen auf gelbem Grund. In Rumänien ist jeglicher Alkoholgenuß am Steuer untersagt.

Von Nachtfahrten ist dringend abzuraten. Unbeleuchtete Fuhrwerke und schlecht gekennzeichnete Lkws verursachen immer wieder Unfälle, und viele Wagen benutzen nur das Standlicht.

Der rumänische Automobilclub ACR (Automobil Clubul Român) hat seine Zentrale in Bukarest, Strada Nikos Beloiannis (Tel. 134260; 134268).

Bedienungs- und Trinkgelder

Obwohl Trinkgelder theoretisch abgeschafft sind, wird sich kein Kellner, kein Zimmermädchen, Friseur oder Taxichauffeur dagegen wehren. In den Restaurants ist ein Bedienungszuschlag in der Rechnung inbegriffen.

Botschaften

Sozialistische Republik Rumänien: 5 Köln, Oberländerufer 68, Tel. 380366.

Bundesrepublik Deutschland: Bukarest, Strada Rabat 21, Tel. 120413.

Österreich: Bukarest, Strada Dumbrava Roșie 7, Tel. 128434.

Schweiz: Bukarest, Strada Pitar Moș 12, Tel. 120418

Camping

In Rumänien gibt es 53 organisierte Plätze. Sie sind im Text mit dem Zeichen ⛺ angeführt. Sie sind durchschnittlich von Mitte Mai bis Mitte September geöffnet.

Dienstleistungen

Gepäckträger: je Stück 1,50 Lei. *Taxi:* Grundgebühr 3,50 Lei plus 0,50 Leu je gefahrene 150 m. *Straßenbahn:* 0,30 bis 0,40 Leu. *Autobus:* 0,40 bis 1 Leu. *Friseur:* Rasieren 2 Lei, Haarschneiden 2 bis 8 Lei, Waschen und Legen 6 bis 15 Lei. *Opernkarte:* 4 bis 18 Lei. *Museen:* 1 Lei.

Einkäufe

In besonderen *Touristenläden* kann man um 20 Prozent billiger einkaufen. Das *Rumänische Touristenamt* hat ein Verzeichnis der Geschäfte. Es werden kunstgewerbliche Artikel, Textilien, Lebensmittel und Getränke, Teppiche und Trachten feilgeboten. In *Bukarest* gibt es *Antiquitätengeschäfte* („Antichități“), wo Ikonen, Silber und Porzellan verkauft werden. Antiquitäten dürfen nicht ausgeführt werden.

Beliebte Souvenirs bilden die guten rumänischen Weine, Kognak, „Tuica“ und Wermut, die man in den „alimentara“, den Lebensmittelgeschäften mit Lei einkaufen kann.

Film und Foto

Schwarzweißfilme können auch in Rumänien entwickelt werden. Farbfilme nimmt man besser mit nach Hause. Das Angebot an Filmen ist noch knapp. Fotografierverbot besteht in der Grenzzone, bei militärischen Objekten, auf Flughäfen sowie aus dem Flugzeug.

Informationen

über alle mit einer Reise nach Rumänien zusammenhängenden Fragen erteilen das *Rumänische Touristenamt*, 6 Frankfurt/Main, Neue Mainzer Straße 1 (Tel. 0611/236941-43), in 4 Düsseldorf, Corneliusstr. 16 (Tel. 0211/371047) sowie in Bukarest, Boulevard Magheru 7, oder 1010 Wien, Opernring 1, 8002 Zürich, Talstr. 58–62; außerdem die Reisebüros, welche die Vertretung des Rumänischen Touristenamts übernommen haben. Informationen sind ferner zu bekommen bei den rumänischen Botschaften (Wien IV., Prinz-Eugen-Str. 60, oder Bern 68, Kirchenfeldstr.).

Jugendherbergen

gibt es in Rumänien nicht, wohl aber moderne und komfortable *Studentenheime*, die in der Hauptreisezeit (Juli und August) in *Bukarest*, *Cluj*, *Timişoara*, *Braşov*, *Constanţa*, *Jassy*, *Oradea*, *Suceava*, *Craiova*, *Sibiu*, *Piatra Neamţ* u.a. zur Verfügung stehen. Der Übernachtungspreis beträgt etwa 9,– DM, der Pensionspreis 13,– DM.

Kinder

im Alter bis zu sechs Jahren – in Begleitung von zwei Erwachsenen – reisen in der Zeit bis etwa 10. Juli und ab etwa 15. August völlig kostenlos an die Rumänische Schwarzmeerküste.

Ladenzeiten

Wichtigstes Kennzeichen der Ladenzeiten ist die lange Mittagspause, meistens von 13 bis 16.30 Uhr. Dafür haben aber die meisten Geschäfte bis 21 Uhr geöffnet. Sonntags sind außer Kaufhäusern und einigen Lebensmittelhandlungen alle Läden geschlossen. Die Post hat in den Großstädten von 7 bis 21 Uhr offen, die Restaurants gewöhnlich von 7 Uhr früh bis 1 Uhr nachts.

Medikamente

Die Heilfürsorge ist staatlich. In den Apotheken bekommt man jedes Medikament. Rezeptpflichtige Arzneien verschreibt ein Arzt, den das Hotel oder das *Rumänische Touristenamt* vermittelt. Arzt- und Arzneikosten sind sehr niedrig.

Postgebühren

Die Gebühren für Postkarten in die *Bundesrepublik Deutschland*, nach *Österreich* und in die *Schweiz* betragen 1,85 Lei, für normale Briefe (20 g) 2,75 Lei.

Stromspannung

beträgt meistens 220 V Wechselstrom.

Visum und Paß

sind u.a. für *Besuchs*- und *Geschäftsreisende* erforderlich. Das Visum wird bei allen diplomatischen Vertretungen oder an jedem Grenzübergang ausgestellt. Für die Ein- und Ausreise von *Touristen* bei einem Aufenthalt von 3 bis 30 Tagen (Verlängerung im Land möglich), genügt der Reisepaß oder ein gleichwertiger Personalausweis, wenn der Tourist eine Bestätigung des *Rumänischen Fremdenverkehrsamtes* über einen in Rumänien gebuchten Ferienaufenthalt vorlegen kann.

Bei Einreise ohne gebuchten Hotelaufenthalt sind 2,10 US-$ bzw. 25 Lei Visumgebühr zu bezahlen. Für Privatreisende, die Rumänien ohne Vermittlung eines Reisebüros besuchen, besteht eine Umtauschpflicht von 10 US-Dollar pro Tag.

Währung

Währungseinheit ist der Leu (Mehrzahl Lei). Ein Leu hat 100 Bani. Es gibt Münzen zu 5, 10, 15 und 25 Bani sowie zu 1 Leu und 3 Leu. Geldscheine sind zu 1 Leu, 3, 5, 10, 25, 50 und 100 Lei im Umlauf. Ausländische Zahlungsmittel, auch Reiseschecks, dürfen in beliebiger Höhe eingeführt werden, die Ein- und Ausfuhr rumänischer Währung ist streng untersagt. Die Devisen werden an den Wechselschaltern der Grenzübergänge, in den großen Hotels und in den Zweigstellen des rumänischen Touristenamtes gegen eine 141% Prämie in Lei umgetauscht. Es ist ratsam, nur Reiseschecks mitzunehmen, da andere Schecks oft nicht angenommen werden. 1 DM = 2,35 Lei; 1 ö.S. = 0,33 Lei; 1 sfr. = 2,40 Lei; 1 US-$ = 12,00 Lei.

Zollbestimmungen

für eine Reise nach Rumänien sind einfach zu handhaben. Gegenstände des persönlichen Bedarfs sind zollfrei. Geschenke können bis zu einem Wert von 2000 Lei zollfrei eingeführt werden. Ausführen darf man Geschenke bis zu einem Wert von 1000 Lei. Wenn man eine offizielle Wechselquittung vorlegt, kann man auch teurere Artikel mitnehmen; Antiquitäten nur mit offizieller Genehmigung.

Heilbäder
Der gute Ruf der rumänischen Badeorte ist vornehmlich den heilkräftigen Quellen zuzuschreiben. Rheumaleiden, Frauenkrankheiten, Störungen der Herztätigkeit, nervöse Asthenie u.ä. werden in *Sovata*, *Eforie*, *Băile Herculane* und *Vatra Dornei* und auch in den Bädern *Govora* und *Felix* mit Mineralwassern behandelt. In *Olăneşti*, *Slănic*, *Călimăneşti* und *Borsec* werden Trinkkuren bei Störungen des Verdauungsapparats sowie bei Leber- und Nierenerkrankungen vorgenommen. Alle Heilbäder, so auch die bekannten Schlammbäder an der Schwarzmeerküste, stehen unter der Aufsicht von Fachärzten. Berühmt sind auch die Geriatrie-Kuren zur Bekämpfung von Alterserscheinungen. Im Kurhotel „Mangalia“ im gleichnamigen Ort an der Küste wird unter erstklassigen Bedingungen ein breites Spektrum verschiedener Behandlungen angeboten.

Reiten und Segeln
ist vor allem an der Meeresküste im Sommer möglich. Auf den großen Süßwasserseen unmittelbar hinter dem Meeresstrand stehen zahlreiche Boote zur Vermietung. Reitpferde zum Ausritt am Strand kann man in den Seebädern ebenfalls mieten. Näheres beim *Rumänischen Touristenamt.*

Leihwagen
Die Agenturen des Rumänischen Touristenamtes vermieten in den Städten und in den Seebädern am Schwarzen Meer Autos mit und ohne Fahrer.

Wegen der starken Dollarschwankungen verändern sich die Gebühren für Leihwagen ständig. Außer VW gibt es noch Dacia 1300, Fiat 124 und Wolga Gaz zu mieten.

Die Wagen müssen nicht bei der gleichen Agentur, bei der sie gemietet worden sind, wieder zurückgegeben werden. Jede Agentur im Land nimmt den Wagen ohne Aufpreis an. Vor Empfang des Wagens ist eine Garantiesumme von 100 US-Dollar zu zahlen, die bei ordnungsgemäßer Rückgabe wieder ausgezahlt wird. Die Garantiesumme entfällt, wenn man bei Wagenmiete eine Haftpflichtversicherung abschließt, die pro Tag 2,25 US-$ kostet. Weitere Einzelheiten und Auskünfte über weitere Wagentypen können beim *Touristenamt* erfragt werden.

Fly and drive
Das rumänische Touristenamt bietet ausländischen Besuchern die Möglichkeit, nach Bukarest oder Constanţa zu fliegen und in Rumänien 7 Tage lang einen Pkw zu benutzen. Der Preis für das Arrangement mit Flug von *Frankfurt*, *Düsseldorf* oder von anderen deutschen Flughäfen nach *Bukarest*, bzw. *Konstanza* inclusive 7 Tage freie Verfügung über einen *VW 1300* (*Dacia 1300*) bei unbegrenzter km-Leistung beträgt 450,– DM; mit 7-tägiger Übernachtung (ꟻ Hotel) 598,– DM; Verlängerungswoche für Pkw-Benutzung 192,— DM. Verlängerungswoche für Pkw-Benutzung und Hotelaufenthalt 324,— DM.

Einige Reiseunternehmen führen Autoreisen im eigenen Wagen nach Rumänien durch. An bestimmten Etappenzielen auf dem Weg nach Rumänien werden Hotelzimmer reserviert. Diese Fahrten sind meist mit einem mehrtägigen Badeaufenthalt an der Schwarzmeerküste kombiniert.

Jagd
Derzeit ist die Jagd in Rumänien grundsätzlich untersagt.

Rundfahrten
werden von allen Ferienplätzen in modernen Omnibussen des *Rumänischen Touristenamtes* in die nähere und weitere Umgebung veranstaltet. Vor allem von den Badeorten am Schwarzen Meer besteht täglich Gelegenheit, mit dem Omnibus, der Eisenbahn oder dem Flugzeug in Begleitung deutschsprechender Reiseführer Ausflüge ins Landesinnere zu machen. Diese Rundreisen dauern oft mehrere Tage. Sie müssen in Devisen bezahlt werden.

Seebäder am Schwarzen Meer
Auf einer schmalen Nehrung, nur fünf Kilometer nördlich von Konstanza, liegt der bekannteste Badeort an der rumänischen Schwarzmeerküste: *Mamaia.* Eine kleine Stadt modernster Hotels und Restaurants erhebt sich auf dem Landstreifen zwischen dem Meer und dem *Siutghiol-See.*

Mamaias Klima ist trocken, die Luft salzreich, die Niederschläge selten und nur von kurzer Dauer. Der Strand gehört zu den größten Europas: er ist sechs Kilometer lang und über 100 m breit.

Südlich von *Constanța* schließt sich dann eine Kette weiterer Seebäder an. Die beiden Bäderorte *Eforie-Nord* und *Eforie-Süd* sind wegen ihrer heilbringenden Schlammbäder auch balneologisch sehr geschätzt. Ganz im Süden nahe der bulgarischen Grenze entstanden in den letzten Jahren die schönsten Ferienorte Rumäniens an der Schwarzmeerküste. Die Touristenstadt *Mangalia-Nord* mit den Bädern *Neptun*, *Jupiter*, *Venus*, *Saturn*, *Jupiter* und *Aurora* zeichnet sich vor allem durch architektonisch gelungene Anlagen aus. Mit seinen nahezu 100 Hotels, Dutzenden von Ferienhäusern, Bungalows und Campingplätzen verfügt der Gesamtkomplex über die größte Bettenkapazität an „Marea neagră".

Nur 6 km vor der Landesgrenze schließt sich das Städtchen *Mangalia* als letztes Seebad der rumänischen Schwarzmeerküste an. Die Hotels der schon in der Römerzeit als *Callatis* bekannten Siedlung sind ausnahmslos einheimischen Touristen, bis auf das Kurhotel „Mangalia", vorbehalten.

Die Durchschnittstemperatur der Luft am Schwarzen Meer beträgt in der Hochsaison (Juni bis Mitte September) etwa 22 Grad, die Wassertemperatur 20 bis 22 Grad Celsius. Der Strand ist gegen Sonnenaufgang gelegen und wird im Hochsommer rund zwölf Stunden von der Sonne angestrahlt. Das Ufer fällt sanft ins Meer ab, und da es weder Ebbe noch Flut noch gefährliche Fische gibt, ist das Baden für Kinder und Nichtschwimmer ein besonderes Vergnügen.

Auf dem *Suitghiol-See* in Mamaia, dem *Techirghiol-See* in Eforie und dem *Neptun-See* in Neptun kann man segeln, wasserskifahren und Ruder- und Tretboote mieten. In allen Seebädern besitzen die Hotels, Bungalows und Ferienhäuser Einzel- oder Doppelzimmer, gelegentlich auch Appartments mit drei oder vier Betten. In der Regel verfügt jedes Hotel über sein eigenes Restaurant. Kleinere Hotel- und Bungalowsiedlungen haben ihr zentrales Restaurant in unmittelbarer Nähe. In den sehr oft individuell und künstlerisch geschickt gestalteten Lokalen kann man auch *à la carte* essen. Ausgedehnte Sportanlagen, Freilichttheater, Tanzlokale, Spielkasinos, Bowlingbahnen, Minigolfanlagen, Einkaufszentren, Valutaläden, Tagescafés und etliche weitere Dienstleistungsunternehmen stehen zur Verfügung. Polikliniken und Apotheken (*Farmacie*) findet man ebenfalls überall. (Nähere Einzelheiten s. auch Route 7, S. 51).

Wintersport

In den traditionellen Wintersportorten der Karpaten – *Poiana Brașov*, *Timiș*, *Predeal* und *Sinaia* – mit ihren Skischulen, Sesselliften, Schleppliften, Kabinenbahnen, Skipisten der verschiedensten Schwierigkeitsgrade, Eisbahnen etc. sind in der letzten Zeit etliche neue Hotelanlagen und Ferienhäuser entstanden.

Unterkunft

In diesem Reiseführer werden die vom *Rumänischen Touristenamt* empfohlenen Hotels unter den Zeichen ⌂⌂⌂ Luxus (= Luxushotel), ⌂⌂⌂ (= sehr gute Hotels) und ⌂⌂ (= gute Hotels) erwähnt. Hotels der Kategorie ⌂ (= einfache Hotels) werden nur in Ausnahmefällen angeboten. – Die Preise werden in Dollar oder DM berechnet. Am *Schwarzen Meer* ist vom 15. Juni bis 15. September nur Vollpension möglich.

Da es fast nur Doppelzimmer gibt, wird ein Zuschlag von 2,40 bis 7,20 Dollar berechnet, wenn nur eine Person darin wohnt. Kleinkinder (bis zu zwei Jahren) werden kostenlos untergebracht.

Preisbeispiele in US-Dollar:

⌂⌂⌂ Luxus: Einzelzimmer mit Dusche 44–51; Doppelzimmer mit Dusche 58–68 (mit Frühstück).

⌂⌂⌂ Einzelzimmer mit Dusche 31–39; Doppelzimmer mit Dusche 32–41 (mit Frühstück).

⌂⌂ Einzelzimmer mit Dusche 12; Doppelzimmer mit Dusche 10,20.

In den Hotels an der Schwarzmeerküste wird in der Vor- und der Nachsaison eine Ermäßigung bis zu 30%, in den Hotels im Gebirge bis zu 20% gewährt. Vor- und Nachsaison an der Küste: 1. Oktober bis 15. Mai; im Gebirge: 15. Oktober bis 15. Dezember und 1. April bis 31. Mai.

Für das „Intercontinental" in Bukarest gelten eigene Preise.

Privatzimmer werden nicht vermittelt. Es ist nur gestattet, bei Verwandten ersten Grades zu übernachten, ansonsten muß ein Hotelaufenthalt gebucht werden.

In einigen Ferienorten am Schwarzen Meer werden Bungalows für 9 Dollar Vollpension je Person vermietet. Das Rumänische Touristenamt übernimmt die Reservierung.

Kinder bis zu sechs Jahren werden außerhalb der Saison kostenlos, Kinder zwischen 6 und 12 Jahren mit 40%iger Ermäßigung untergebracht.

Bukarest/București (53–96 m; 1,48 Mill. Einw.) ist die Hauptstadt Rumäniens und zugleich sein wirtschaftlicher, geistiger und kultureller Mittelpunkt. Es liegt an dem kleinen Fluß *Dîmbovița*, etwa in gleicher Entfernung zwischen der *Donau* im Süden und den Ausläufern der *Karpaten* im Norden (etwa 80 km). Von Parks, Grünanlagen und Rosenbeeten durchzogen, ist Bukarest eine Großstadt, die zugleich Erholung und Entspannung bietet.

GESCHICHTE

Das Gebiet des heutigen Bukarest war schon zu Zeiten der *Geten, Daker* und *Römer* besiedelt. Der Name tauchte urkundlich erstmals 1459 in einem von dem Woiwodenfürsten *Vlad dem Pfähler* unterzeichneten Dokument auf.

Wenig später wurde Bukarest der Sitz des Fürstenhofes der *Walachei*, und der *Alte Prinzenpalast* wurde erst 1776 zerstört. Ein neuer, der *Fürstliche Hof* von *Mihai-Vodă*, entstand auf dem *Spiren*-Hügel (Dealul Spirei)

Die Geschichte der Stadt ist reich an Aufständen, Revolutionen und sozialen Spannungen, an Abwehrkämpfen gegen die türkische Besatzung. Als sich in der zweiten Hälfte des 17. Jahrhunderts die Stadt rasch auszudehnen begann, kam es 1655 zum ersten Aufstand der Söldner und Landsknechte. 1765 wurde Bukarest von einer Erhebung der Zünfte erschüttert, und im Revolutionsjahr 1848 war die damalige Hauptstadt *Munteniens* ein Zentrum der Volkserhebung.

Erst 1859 kam es zur Vereinigung der beiden Fürstentümer *Walachei* und *Moldau*, nachdem etwa 30000 Bukarester das Gebäude der Nationalversammlung umzingelt und die Wahl des moldauischen Herrschers *Alexandru Joan Cuza* zum Fürsten von Rumänien erzwungen hatten. 1877 trat das Land auf der Seite Rußlands in den Krieg gegen die Türken ein, und 1878 wurde Bukarest die Hauptstadt eines unabhängigen Rumäniens.

Vor allem im vergangenen Jahrhundert nahm Bukarest einen wirtschaftlichen und kulturellen Aufschwung, der sich auch im äußeren Bild der Stadt sichtbar niederschlug. Die umfangreichen Neubauten der Gegenwart haben dieses Bild inzwischen stark verändert.

In der Neuzeit war Bukarest der Schauplatz des blutigen Eisenbahner-Aufstandes (1933) und der Proklamation der Königsdiktatur durch *Carol II.* (1938). In beiden Weltkriegen wurde die rumänische Hauptstadt von fremden Truppen besetzt und erlitt durch Kampfhandlungen einige Zerstörungen. Am 23. August 1944 war Bukarest das Zentrum des Aufstandes gegen die Diktatur des Marschalls *Antonescu* und gegen die Fortsetzung des Krieges an der Seite Deutschlands. Nach dem Ende der stalinistischen Epoche in den

Triumphbogen

kommunistisch regierten Ländern verfolgte Bukarest mehr und mehr eine nationale, unabhängige Politik. 1966 war die rumänische Hauptstadt Tagungsort einer Konferenz der Mitgliedstaaten des *Warschauer Pakts*, die mit der „Bukarester Deklaration" über Fragen der europäischen Sicherheit abgeschlossen wurde. – In den letzten Jahren ist die rumänische Hauptstadt des öfteren Schauplatz internationaler Tagungen und Festspiele gewesen. 1974 fand hier vom 19. bis 30. August die *Weltbevölkerungskonferenz* statt.

SEHENSWÜRDIGKEITEN

(*Bukarest ist besonders reich an Museen, die täglich, außer montags, zu unterschiedlichen Zeiten geöffnet sind. Eintrittsgebühr.*)

Man beginnt die Stadtbesichtigung am Rand Bukarests auf der von Norden zum Zentrum führenden *Băneasa-Chaussee*. Etwa zwei Kilometer süd-

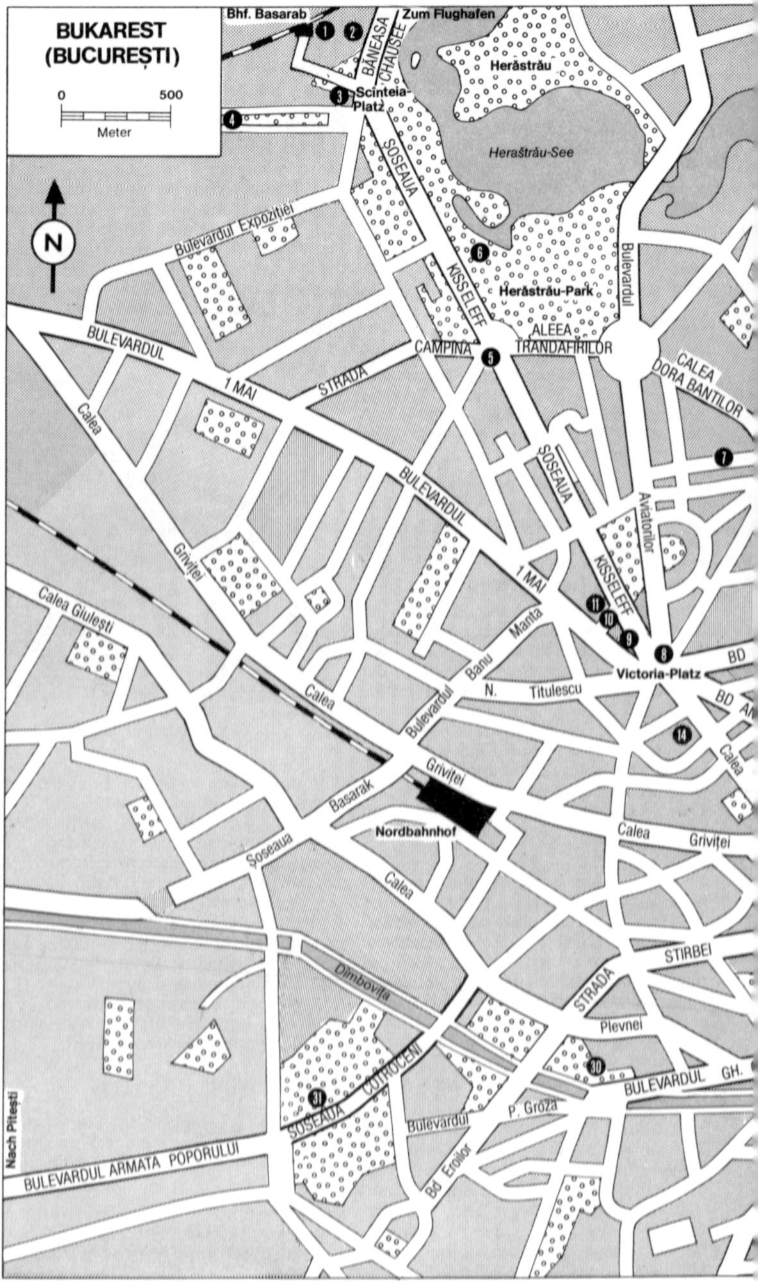
BUKAREST
(BUCUREȘTI)
0
500
Meter
N
Bhf. Basarab
Zum Flughafen
BĂNEASA CHAUSSEE
Scinteia-Platz
Herăstrău
Herăstrău-See
ȘOSEAUA
KISSELEFF
Herăstrău-Park
Bulevardul Expoziției
Bulevardul
ALEEA TRANDAFIRILOR
CAMPINA
BULEVARDUL
1 MAI
STRADA
CALEA DORA BANTILOR
Calea
Grivitei
Aviatorilor
BULEVARDUL
1 MAI
Calea Giulești
Banu Manta
Victoria-Platz
BD
N. Titulescu
Bulevardul
Calea
Grivitei
Basarab
Nordbahnhof
Calea Grivitei
Șoseaua
Calea
STIRBEI
STRADA
Dîmbovița
Plevnei
ȘOSEAUA COTROCENI
BULEVARDUL GH.
Bulevardul P. Groza
Bd Eroilor
Nach Pitești
BULEVARDUL ARMATA POPORULUI

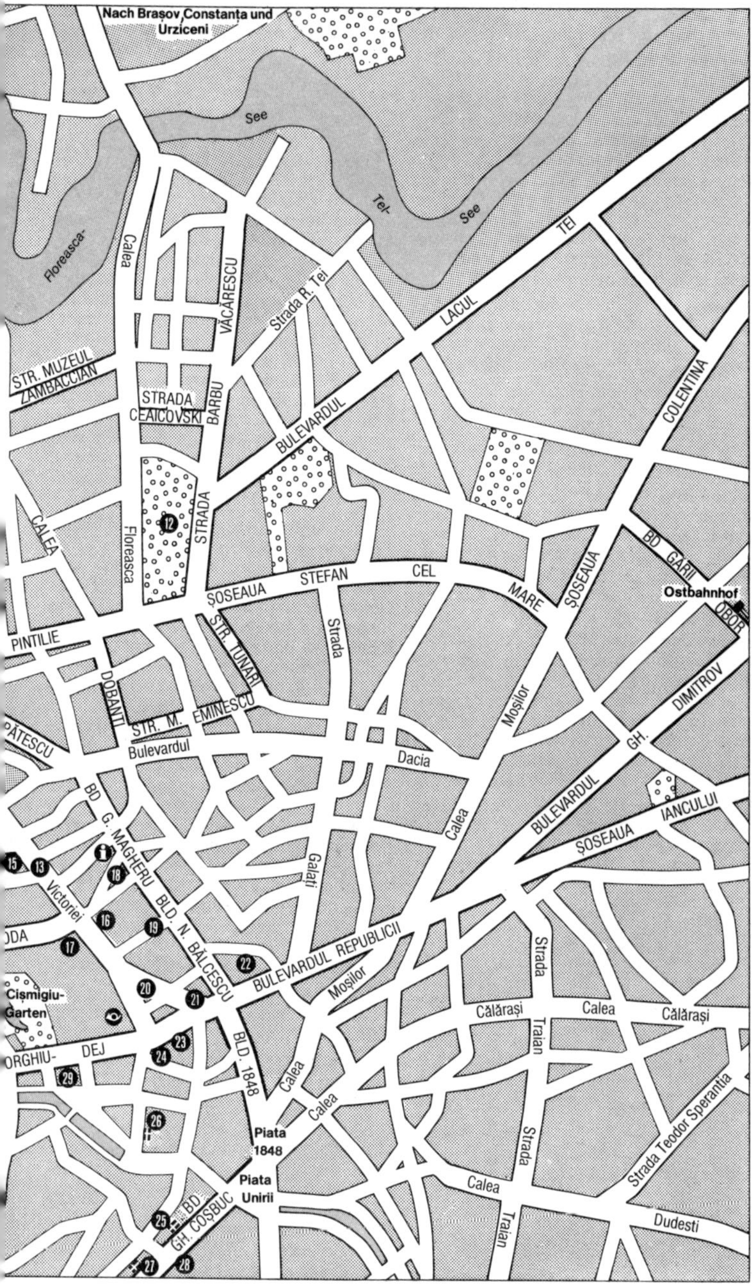
Nach Brașov, Constanța und Urziceni
See
Tei-
See
Floreasca-
Calea
VĂCĂRESCU
Strada R. Tei
LACUL
TEI
STR. MUZEUL ZAMBACCIAN
STRADA CEAICOVSKI
BARBU
BULEVARDUL
COLENTINA
Floreasca
STRADA
CALEA
12
ȘOSEAUA
STEFAN
CEL
MARE
ȘOSEAUA
BD
GARII
Ostbahnhof
OBOR
PINTILIE
STR. TUNARI
Strada
DOBANTI
STR. M. EMINESCU
Moșilor
DIMITROV
PĂTESCU
Bulevardul
Dacia
GH.
BD
G. MAGHERU
BULEVARDUL
Calea
ȘOSEAUA
IANCULUI
15
13
18
Victoriei
Galați
16
19
BLD. N. BĂLCESCU
ODA
17
22
BULEVARDUL REPUBLICII
Moșilor
Strada
Cișmigiu-Garten
20
21
Călărași
Calea
Călărași
Traian
ORGHIU-
DEJ
23
24
BLD. 1848
Calea
29
Calea
Strada Teodor Sperantia
26
Piata 1848
Strada
Piata Unirii
Calea
BD.
GH. COȘBUC
25
Traian
Dudesti
27
28

lich des Flughafens *Băneasa* liegt gleich rechts hinter der Eisenbahnbrücke das

Volkskunstmuseum Dr. N. Minovici [1], das 1905 im altrumänischen Stil gebaut wurde und über 5000 Volkskunstgegenstände aus den nördlichen Provinzen des Landes enthält. Das Museum war der Stadt Bukarest 1936 von dem Sammler und Arzt Dr. Minovici (1868–1941) geschenkt worden (*geöffnet werktags 10–13* u. *16–18 Uhr*). Direkt neben diesem an Dachfirst und Balkonen mit Dutzenden von Glöckchen verzierten Haus befindet sich das

Museum der Akademie für feudale Kunst [2], wo Kunstwerke und Gebrauchsgegenstände aus der feudalen Epoche Rumäniens zu besichtigen sind.

Vom Platz vor dem Haus des Dr. Minovici kann man schon den massiven Komplex des 1950 im sowjetischen Zeitstil gebauten Druckerei- und Redaktionszentrums, das

„Haus der Scînteia" [3] erkennen, wo die meisten rumänischen Publikationen gedruckt werden. Vor dem *Scînteia-Haus* steht das *Lenindenkmal*. Direkt neben dem Zeitungsgebäude entstand Anfang der 60er Jahre die moderne Glaskuppel der

Ausstellungshalle [4] mit Freigelände und Pavillons als sichtbarem Ausdruck der neuen rumänischen Architektur. Hier wurde 1965 die erste große deutsche Industrieausstellung veranstaltet. Vom *Scînteia-Platz* nach Südosten verläuft die *Şoseaua Kisseleff* (*Kisseleff-Chaussee*), in deren Mitte sich der

Triumphbogen [5] erhebt, der 1920 zu Ehren der rumänischen Armee des Ersten Weltkrieges erbaut wurde. Er ist dem Pariser Vorbild nachempfunden und zeigt im Rund des Torbogens die Wappen der rumänischen Provinzen. Auf dem halben Weg dorthin befindet sich links, am Rand des *Herăstrău-Parks*, das

Museum des rumänischen Dorfs [6]. Diese ehemalige Sammlung von mehr als 200 Originalbauten aus allen Gegenden des Landes ist einer der Hauptanziehungspunkte Bukarests. Jedes dieser bäuerlichen Anwesen, jede dieser Kirchen, die hierher verlegt wurden, ist ein eigenes kleines Volkskundemuseum. Man hat den Eindruck, sich in einem richtigen Dorf zu befinden. 40 Häuser, Wind- und Wassermühlen, Höfe, Scheunen, Ställe und Kirchen vermitteln einen lebendigen Eindruck von den künstlerischen Traditionen der Provinzen des Landes. Die Gehöfte sind mit den Original-Inneneinrichtungen, bis zum Bettuch und den Küchengeräten, versehen.

Vom *Dorfmuseum* macht man beim *Triumphbogen* einen kleinen Abstecher nach links, also nach Osten, zum *Herăstrău-Park*. An den Ufern des gleichnamigen Sees, auf dem auch Regatten abgehalten werden, liegt ein Kinderspielplatz mit Riesenrad und das bekannte Restaurant „Pescărus". Von dort geht es den *Bulevardul Aviatorilor* entlang nach Süden, wo die breite Prachtstraße bald vom *Fliegerdenkmal* unterbrochen wird. Kurz davor biegt man nach links in die *Strada Muzeul Zambaccian* ab, wo im

Zambaccian-Museum [7] eine der wertvollsten Kunstsammlungen Rumäniens untergebracht ist. Neben rund 40 Skulpturen finden sich dort mehr als 200 Gemälde der größten rumänischen Meister (*Nicolae Grigorescu*, *Şt. Luchian*, *N. Tonitza*, *F. Şirato*) und eine Sammlung bedeutender französischer Gemälde.

Geht man auf dem *Bulevardul Aviatorilor* weiter nach Süden, so gelangt man schließlich zum

Victoria-Platz [8] (Piaţa Victoriei), von dem eine Reihe wichtiger Straßen sternförmig in alle Richtungen streben.

Direkt am Platz liegt das *Palais des Ministerrates*, zugleich der Amtssitz des Regierungschefs. Auf den *Victoria-Platz* stößt auch die *Kisseleff-Chaussee*, und gleich neben dem weiten Rund des Platzes findet man das *Museum für Naturgeschichte „Dr. Antipa"* [9], das vor allem für seine umfangreiche

Dorfmuseum

Staatszirkus

Schmetterlingssammlung bekannt ist. Gleich gegenüber, auf der anderen Seite der Chaussee, liegt das *Museum für die Geschichte der Kommunistischen Partei, der revolutionären und demokratischen Bewegung Rumäniens* [10 und 11]. Es ist in einem großen Gebäude, das im rumänischen Stil zwischen den beiden Weltkriegen erbaut wurde, untergebracht und zeigt Dokumente der Geschichte Rumäniens. Der eigenständige Weg der rumänischen Kommunisten wird hier deutlich.

Ehe man den *Victoria-Platz* weiter in Richtung Stadtmitte, also nach Süden, verläßt, kann man einen kleinen Abstecher nach links machen. Wenn man dort dem *Bulevardul Ilie Pintilie* und später der *Ştefan dele Mare Soseaua* nach Osten folgt, so sieht man links das große

„Dinamo"-Stadion [12] mit seinen zahlreichen Einrichtungen für internationale Wettkämpfe, sowie ein paar hundert Meter weiter den neuen *Staatszirkus* mit seinem architektonisch modernen und sehr interessanten Kuppelbau. Entlang der *Ştefan dele Mare Soseaua* dehnen sich Teile der vielen neuen Stadtbezirke aus, die in den vergangenen Jahren anstelle der alten Viertel entstanden sind.

Man geht nun zurück zum *Victoria-Platz*. Dort nimmt auch die bekannteste Straße Bukarests, die

Calea Victoriei [13] ihren Anfang, an der wichtige Bauten, die Akademie mit ihrer großen Bibliothek, wissenschaftliche Institute und Geschäfte liegen.

Nur zwei Querstraßen hinter dem *Victoria-Platz* liegt an der rechten Straßenseite der *Calea Victoriei* das

George-Enescu-Museum [14], das dem Andenken des großen rumänischen Komponisten (1881–1955) gewidmet ist und viele Originaldokumente zeigt. Auf der gleichen Straßenseite findet man ein paar Schritte weiter das

Volkskunstmuseum [15], wo mit rund 30000 Gegenständen vor allem Gewebe, Teppiche, Trachten, Holzschnitzwerke, Glasmalerei und Einrichtungsgegenstände ausgestellt sind. Bald weitet sich dann die *Calea Victoriei* zum eigentlichen Mittelpunkt der Stadt, dem

Piaţa Gheorghe Gheorghiu-Dej [16] mit dem *Palais der Sozialistischen Republik Rumänien*, das heute dem Staatsrat als Residenz dient.

Gleich rechts, noch vor dem Palais, findet man das

Kunstmuseum [17], das ursprünglich ein Teil des königlichen Schlosses war. Während das Palais selbst zwischen 1930 und 1937 in neoklassizistischem Stil von *Nicolae Nenciulescu* gebaut wurde, begannen die Arbeiten an dem Seitenflügel, in welchem das Kunstmuseum untergebracht ist, erst im Zweiten Weltkrieg und wurden 1956/57 abgeschlossen. Bis zur Abdankung von König *Michael I.* im Jahr 1947 diente das ganze Gebäude (Palais und Museum) der königlichen Familie als Residenz. Am 23. August 1944 wurde hier der rumänische Diktator Marschall *Antonescu* verhaftet.

In der *Nationalgalerie*, die in den beiden unteren Stockwerken des Museums untergebracht ist, werden Werke rumänischer Meister aus dem 10. bis 20. Jahrhundert gezeigt. Hervorzuheben sind insbesondere die Maler *Ion Negulici*, *C. Rosenthal*, *Theodor Aman*, *Ion Andreescu*, *Ştefan Luchian*, *N. Vermont*, *Nicolae Grigorescu* sowie die Bildhauer *Karl Storck*, *Ian Georgescu*, *Romulus Ladea*, *C. Medrea* und *C. Brâncuşi*.

In der Abteilung für *feudale Kunst* (10./18. Jh.) werden außerdem Stickereien, Schmuck, alte Drucke, Kirchenfresken und Keramiken ausgestellt. Die Abteilung für *moderne* und *zeitgenössische Kunst* (19./20. Jh.) gibt einen interessanten Einblick in die Entwicklung von der religiösen über die weltliche bis zur realistischen Malerei des Sozialismus.

Gerade hier wird der Kunstinteressierte einen aufschlußreichen Überblick über das rumänische Kunstschaffen finden.

Die Galerie für *europäische Kunst* sowie die *orientalische* und *fernöstliche*

Galerie (im II. und II. Stock) zeigen Malerei, Bildhauerei, Grafiken und Kunsthandwerk sowie Möbel. Hier

Herästräu-Park

sind Werke von *Tizian*, *Tintoretto*, *Salvator Rosa*, *El Greco*, *Murillo*, *Jan van Eyck*, *Velasquez*, *Rubens*, *Rembrandt*, *H. Daumier*, *Courbet*, *Monet*, *Renoir* vertreten. Außer den Ikonen aus dem Mittelalter ist vor allem die interessante Teppichsammlung erwähnenswert.

Das Kunstmuseum, das zu den bedeutenden Sammlungen Europas gehört, ist täglich von 11 bis 19 Uhr, außer montags, geöffnet. Führungen in deutscher Sprache.

Während sich nach Süden an das *Kunstmuseum* das schon erwähnte *Präsidentenpalais* anschließt, fügt sich nach Westen – als ein Teil des ganzen Komplexes – der neuerbaute *Festsaal* an. Dem *Kunstmuseum* gegenüber liegt eines der Wahrzeichen von Bukarest das

Athenäum [18], der 1888 erbaute Sitz der *Staatlichen Philharmonie* „George Enescu". Dieses im neoklassizistischen Stil errichtete Konzerthaus ist alle drei Jahre Schauplatz des *Enescu-Festivals* (s. S. 7). Es gab dem benachbarten Hotel „Athénée Palace" seinen Namen.

Geht man auf der Ostseite des *Platzes der Republik* weiter, so kommt man zur *Strada C. A. Rosetti*, wo im einstigen Wohnhaus des bekannten rumänischen Malers das

Theodor-Aman-Museum [19] untergebracht ist. Dort werden zahlreiche Werke des Künstlers sowie Möbel und Gebrauchsgegenstände gezeigt. *Theodor Aman* (1831–91) gehörte zu den bedeutenden Schöpfern historischer Gemälde.

Ein paar Schritte neben der Einmündung der *Strada C.A. Rosetti* in den *Piața Gheorghe Gheorghiu-Dej* liegt das Gebäude des *Zentralkomitees* der Kommunistischen Partei Rumäniens und direkt gegenüber die kleine, 1772 erbaute *Crețulescukirche*. Sie ist im rumänischen Stil gehalten. Das weite Rund des Platzes wird im Westen von einem Kranz moderner Wohnblocks begrenzt, die für den neuen Baustil im ganzen Land richtungsweisend geworden sind.

Wenn man die *Calea Victoriei* weiter nach Süden geht, trifft man links bald auf den *Komödiensaal* des

Nationaltheaters „I. L. Caragiale" [20], das nach dem Lustspielautor dieses Namens (1842–1912) benannt wurde. Im Frühjahr 1967 spielte man dort Arthur Miller, John Steinbeck, Eugen Ionescu, Jean Anouilh und Al. Davilla. Nebenan, in der *Edgar-Quinet-Straße*, liegt gleich an der Ecke das berühmte Speiserestaurant „Bukarest", das noch heute jedermann unter der Vorkriegsbezeichnung „Capșa" kennt.

Wo die *Calea Victoriei* mit dem *Bulevardul Gh. Gheorghiu-Dej* zusammentrifft, ist man mit ein paar Schritten nach links an der

Bukarester Universität [21], mit deren Bau 1856 begonnen und die 1912 bis 1922 umgebaut wurde. Das umfangreiche Gebäude beherbergt allerdings nur einige der Fakultäten. Die übrigen sind auf Institute in der ganzen Stadt verteilt.

Die Straße heißt nun *Bulevardul Republicii*. Folgt man ihr ein Stückchen weiter, so erreicht man den *Piața Universitații*, an dem sie sich mit dem *Bulevardul Bălcescu* trifft. Unmittelbar am Platz erheben sich zwei imposante Gebäude. Das „București Intercontinental" mit seinen 24 Stockwerken, 1971 fertiggestellt, ist das modernste und exklusivste Hotel der Stadt. Gleich daneben sieht man die kühne Konstruktion des neuen Bukarester

Nationaltheaters [22]. Erst Ende 1973 wurde der Bau seiner Bestimmung übergeben. Es verfügt über drei Bühnen. Das Repertoire des Theaters reicht von den klassischen Autoren bis zu den Ultramodernen. – Gegenüber dem „Intercontinental", dort, wo der *Bulevardul*

Bălcescu eine kleine Seitenstraße kreuzt, ist das Büro der rumänischen Fluggesellschaft „TAROM" für internationale Flüge.

Kehrt man zur Universität zurück, so sieht man auf der gegenüberliegenden Seite die „TAROM"-Zentrale [23] für den innerrumänischen Flugverkehr. Hier kann man die bereits erwähnten preiswerten Flüge in etliche Städte des Landes buchen.

Daneben liegt das

Museum für die Geschichte Bukarests [24], das mit über 100000 Einzelstücken die Vergangenheit und Gegenwart der rumänischen Hauptstadt lebendig erhält. Geht man einmal den *Boulevard 1848* am Museum vorbei nach Süden weiter, so gelangt man bald auf der rechten Seite an die *Strada 30 Decembrie*. Dort findet man die

Curtea Veche [25], die älteste Kirche der Stadt. Die *Curtea Veche* (zu deutsch „Alter Hof") war einst Teil des Fürstenhofes von *Mircea dem Hirten*, der Mitte des 16. Jahrhunderts in der *Walachei* regierte. Interessant sind vor allem die 400 Jahre alten Säulen und Fenstereinfassungen. Wendet man sich wieder in Richtung *Calea Victoriei*, das heißt, geht man an der Kirche vorbei nach Westen, so sind es nur ein paar hundert Meter bis zur *Strada Poştei*, wo die 1724 im *Brîncoveanu-Stil* errichtete

Stavropoleos-Kirche [26] liegt. Sie ist eines der gelungensten Bauwerke alter rumänischer Architektur.

Ihr schräg gegenüber befindet sich eines der traditionsreichsten Bukarester

Stavropoleos-Kirche

Restaurants das „Carul cu Bere" und links um die Ecke das 1972 eröffnete „Geschichtsmuseum der Rumänischen Sozialistischen Republik".

Folgt man dann der *Calea Victoriei* weiter nach Süden, so erreicht man die *Dîmboviţa*, die ihr Flußbett gerade an dieser Stelle in einem Kanal unter der Straßenoberfläche verschwinden läßt. Man wendet sich nach links und geht zur *Piaţa Unirii*, wo man schon den Hügel mit der

Patriarchie [27] sehen kann. Eine von breiten Blumenbeeten gesäumte Straße führt hinauf zur *Kirche der Patriarchie* und zum *Palast der Metropoliten.* Die Kreuzkuppelkirche der *Patriarchie* wurde 1654 gebaut; in ihr wurde 1881 König *Carol I.* gekrönt. In der Kirche, die mit Malereien und einer Ikonostase geschmückt ist, befindet sich eine Reliquie des *heiligen Demetreu.*

Der *Patriarch von Rumänien* liest in der Kirche an Feiertagen die Messe. Besonders zu Ostern sind die Kirche und der Hügel von Gläubigen überfüllt. Von hier hat man an schönen Tagen auch einen weiten Rundblick über das alte und neue Bukarest. Daneben liegt das Gebäude der

Nationalversammlung [28], das erst 1907 im neoklassizistischen Stil errichtet wurde. Das Parlamentsgebäude schließt sich aber, zusammen mit dem Komplex der Patriarchie, zu einem hofartigen Rund. Die Nationalversammlung tritt mehrmals im Jahr dort zusammen.

Wenn man den gleichen Weg zurückgeht und die *Calea Victoriei* bis zum *Bulevardul Gheorghe Georghiu-Dej* verfolgt und dann links in den Boulevard einbiegt, kommt man nach zehn Minuten Fußweg zum *Cişmigiu-Garten*, einem der schönsten Stadtparks von Bukarest. Ihm gegenüber liegt das Gebäude des *Volksrats von Bukarest* [29], das Bürgermeisteramt der Stadt. Auf der Parkseite steht die *Gheorghe-Lazăr-Schule*, an der *Eugen Ionesco*, der berühmte Dramatiker, einst unterrichtete.

Weiter außerhalb der Stadt, am *Boulevard Gheorghe Gheorghiu-Dej*, liegt die *Staatsoper* [30] mit dem Balletttheater. Und ganz am Ende des Boulevards findet man das einstige *Schloß des Thronfolgers*, das heute als „Pionicr-Palast" der Erziehung der rumänischen Jugend dient. Dort breitet sich auch der

Botanische Garten [31] aus. Direkt im Norden davon befindet sich der Bukarester Hauptbahnhof, der sogenannte

Nordbahnhof, mit dem 1965 fertiggestellten „Nordhotel“. Am entgegengesetzten Ende der Stadt, weit im Süden, liegt der *Freiheitspark*, ein anderer großer Blumengarten. Dort steht auch das „Denkmal der Helden des Kampfes für die Freiheit des Volkes und Vaterlandes“.

PRAKTISCHE HINWEISE

Verkehr

Nordbahnhof (*Gara de Nord*; Calea Griviţei): Hauptbahnhof für den Verkehr mit dem gesamten In- und Ausland.

Progresul-Bahnhof (Giurgiului Soseaua): Personenzüge in Richtung Giurgiu.

Basarab-Bahnhof (*Gara Basarab*; Podul Basarab): Züge nach Giurgiu, Roşiori de Vede, Craiova, Petroşani, Simeria, Piteşti, Rîmnicu Vîlcea, Sibiu, Ploieşti Sud, Buzău.

Ostbahnhof (*Gara de Est*; Bld. G. Dimitrov): nach Constanţa und Olteniţa.

Zentraler Autobusbahnhof DRTA, *Calea Victoriei 2*, mit Abfahrten zu den wichtigsten Punkten von Bukarest sowie in die Nachbarstädte.

✈ *Flughafen Otopeni* mit Verbindungen nach Berlin (Ost), Frankfurt/M., Köln, Düsseldorf, Wien, Zürich und in andere europäische Städte.

Verbindung zum Flughafen, 16 km, mit dem Bus von der TAROM-Zentrale am „Hotel Intercontinental“.

Flughafen Baneasa mit Verbindungen in alle größeren Städte des Landes. Verbindung zum Flughafen, 6 km, mit dem Trolleybus *81* und *82* von der Stadtmitte aus.

Nächster Schiffsanlegeplatz mit Verbindungen nach Wien (über Belgrad und Budapest) sowie in das Donaudelta im 60 km entfernten Donauhafen *Giurgiu*. Agentur der rumänischen Schiffahrtsgesellschaft NAVROM: *Bulevardul Dinicu Golescu 38.*

Unterkunft und Verpflegung:

Hotels:

(Eine vollständige Hotelliste erhalten Sie auf Wunsch in den Filialen des Rumänischen Touristenamtes, s. S. 16 u. 27).

(Luxus) „Bucureşti Intercontinental“, N. Bălcescu 2–4.

„Hanul lui Manuc“, Str. 30 Decembrie 62; „Athénée Palace“ Str. Episcopiei 1; „Lido“, Bld. Magheru 5; „Astoria“, Bld. Dinicu 27; „Nord“, Calea Griviţei 143; „Union“, Str. 13 Decembrie 16.

„Muntenia“, Str. Academiei 29; „Victoria“, Calea Victoriei 15; „Cişmigiu“, Bld. Gh. Gheorghiu-Dej 16; „Tranzit“, Str. Miliţiei 4.

Privatzimmer vermittelt das *Rumänische Touristenamt*, Internationale Agentur, *Boulevard Magheru 7.*

⛺ *Băneasa-Wald* (10 km) und in *Snagov* (40 km).

Restaurants (mit rumänischer und internationaler Küche):

„Intercontinental-Madrigal“, Bld. N. Bălcescu 4–6; „Intercontinental-Balalada“ (im 23. Stockwerk des Hotels); „Ambassador“, Bld. Magheru 10;

Hotel Intercontinental

„Athénée Palace“, Str. Episcopiei 1–3; „Bucureşti“, Str. Edgar Quinet 1; „Cina“, Str. C. A. Rosetti 1; „Cişmigiu“, Bld. Gh. Gheorghiu-Dej 22; „Lido“, Bld. Magheru 5; „Nord“, Calea Griviţei 147; „Carul cu Bere“, Str. Stavropoleos 3; „Berlin“ (mit deutscher Küche), Str. C. Mille 4; „Caraiman“, (mit spanischer Küche), Calea Victoriei 116; „Ovidiu“ (im römischen Stil), Str. Mîncu 1; „Pescaruş“, im Herăstrău Park.

Spezifisch rumänische Restaurants:

„Bucur“, Str. Col. Poenaru Bordea 2; „Codrîi Cosminului“, Str. Virgiliu 25; „Doina“, Şos. Kisseleff 4; „Hanul lui Manuc“, Str. 30 Decembrie 62; „Odobeşti“, Calea Moşilor 189; „La Doi Cocoşi“, Sos. Străulesti 6; „Peşcarul“ (Fischspezialitäten), Bld. Bălcescu 7; „Peştera“, Str. Dianei 2; „Plosca de aur“, Calea Rahovei 127.

Etwas außerhalb der Stadt liegen im *Băneasa-Wald* zwei der beliebtesten Bukarester Restaurants: das „Pădurea Baneasa" im Brîncoveanustil mit Weinstube „Crama" und Speiserestaurant, in dem jeden Abend bekannte Kapellen rumänische Folklore und allgemeine Tanzmusik spielen, und das „Parcul Privighetilor" unweit davon entfernt an der Straße nach Constanța.

Unterhaltung

Bukarest verfügt über 20 Bühnen für Opern-, Schauspiel-, Operetten- und Kabarettvorstellungen. – In vielen Kinos werden ausländische Filme in Originalfassung gespielt. Auskunft erteilt eine in deutscher Sprache beim Touristenamt erhältliche Wochenbroschüre „Bukarest für Sie".

Beliebte Nachtlokale:

„Luna-Bar", Bld. N. Bălcescu 4 (im 21. Stock des „Intercontinental"); „Melody-Bar", Str. Pictor Verona 7; „Athénée Palace-Bar", Str. Episcopiei 1–3.

Informationen

Rumänisches Touristenamt ONT Carpați, Internationale Agentur, *Bld. Magheru 7*. Vermittlung von Unterkunft, Stadtrundfahrten, Dolmetschern, Eintrittskarten, Kraftwagen und Pauschalarrangements sowie Geldwechsel und Visaverlängerung. Tel. 145169.

Das *Touristenamt* unterhält in allen größeren Hotels, auf dem Flughafen und an Bahnhöfen eigene Zweigstellen.

Wichtige Adressen

Rumänischer Automobilclub (*A.C.R*): Str. Nikos Beloiannis 27.

Hauptpostamt: Calea Victoriei 29. In der Nähe der Hotels und des Touristenamtes. *Postamt 36*, Bld. Magheru 43.

Wechselstuben

Ausländische Währung kann täglich bei den Wechselstuben der Nationalbank in den großen Hotels, im Staatlichen Touristenamt sowie am Flughafen Otopeni eingetauscht werden. Wochentags auch bei der Nationalbank, *Strada Lipscani 25*.

Wagenpflege

Waschen, Abschmieren, Ölwechsel, Reparaturen etc.: „Ciclop-Service", Bld. Magheru 6–8 (laufende Reparaturen von Renault, Dacia, VW, Ford, Opel, Mercedes, Lancia, NSU); „Fiat", Str. Bujoreni 2–5 (spezialisiert auf Fiat); „Progresul", Șos. Giurgului (spezialisiert auf osteuropäische Typen); „Tiefgarage Intercontinental", Bld. Bălcescu.

Tankstellen:

Neben einigen Tankstellen im Stadtzentrum finden Sie die „Peco"-Stationen an allen Ausfahrtstraßen am Stadtrand. Sie sind zum größten Teil von 0 bis 24 Uhr geöffnet. Genaue Auskunft erhält man an der Hotelrezeption.

Autoersatzteile

findet man zum Teil in den speziellen Geschäften „Piese Auto". Hier erhält man aber nur selten Teile für die gängigen westeuropäischen Typen. Glück haben nur Renaultfahrer, da der rumänische Dacia dem französischen Wagen entspricht.

Einkaufsmöglichkeiten

Man kann zum einen in Geschäften mit rumänischer Währung einkaufen, und zum anderen in den Devisenshops mit westlichen Zahlungsmitteln.

Einige Geschäfte für rumänische Währung:

„Eva", Bld. Magheru 9 (Textilien); „Consignatia", Calea Victoriei (Universalkaufhaus). In den vielen Buchgeschäften „Librăria" kann man sehr billig Bücher in deutscher Sprache einkaufen, auch Schallplatten sind sehr preiswert.

Devisengeschäfte:

„Comturist", Str. Mendeleev 48, Bld. Magheru 7, Calea Victoriei Nr. 87, Piața Buzești Nr. 2 (Autoersatzteile); „Artizanat", Str. Academie 25; „For You", Calea Victoriei 20.

AUSFLÜGE

1. Für den nachstehend beschriebenen Ausflug benötigt man etwa einen halben Tag. Man kann das Ziel mit Autobussen des Rumänischen Touristenamts (Abfahrt *Bld. Magheru 7*) oder vom Zentralen Autobusbahnhof (*Calea Victoriei 2*) sowie mit dem Linienbus Nr. 60 erreichen.

Man verläßt Bukarest über die *Băneasa-Chaussee* im Norden, biegt kurz vor dem Flugplatz nach links ab und gelangt so auf die Nationalstraße *1 A* nach Ploiești. Bald kommt man nach

Schloß Mogoşoaia

Mogoşoaia (47 m), 14 km. An einem romantischen See, der an manchen Stellen vom dichten Baumwuchs eines großen Parks fast verdeckt wird, liegt das vom *Fürsten Constantin Brîncoveanu* 1702 erbaute Schloß.

Fürst Brîncoveanu, der die *Walachei* von 1688 bis 1714 regierte, hat den nach ihm benannten architektonischen Stil rumänischer Baumeister begründet, in dem noch fast 200 Jahre lang im ganzen Land gebaut wurde.

Schloß *Mogoşoaia* war ursprünglich vom Fürsten für einen seiner vier Söhne gebaut worden. 1714 wurden aber alle Söhne vor den Augen des Vaters in *Konstantinopel* von den Türken enthauptet. Der Fürst selbst wurde danach ebenfalls umgebracht, seine Habe konfisziert und das Prinzenpalais ausgeraubt. Das Schloß diente lange Zeit als Restaurant.

Erst 1840 begann die Wiederherstellung der alten Gebäude. Sie wurde 1914 und 1930 fortgesetzt, jedoch erst 1948 endgültig abgeschlossen.

Heute beherbergt das einstige Schloß ein Museum für Feudalkunst aus der Zeit von *Brîncoveanu*. Der Palast ist auf einem rechteckigen Grundriß mit drei Stockwerken errichtet worden. Es ist auch ein bemerkenswertes Beispiel für die Kunst der rumänischen Baumeister, fremde Stilelemente in die eigene Architektur einzufügen, ohne daß der eigene, nationale Charakter der Architektur verlorengeht.

Schon der Eingang zeigt typische Merkmale rumänischer Architektur: die von einer Steinbalustrade umgebene Loggia, zu der man über eine Treppe gelangt.

Das Museum birgt interessante Zeugnisse der reichhaltigen Druckkunst (aus dem 17. und 18. Jh.) in Rumänien: Bücher, die in slawischer, griechischer, arabischer oder georgischer Sprache gedruckt worden waren. Außerdem werden unzählige Silberschätze aus der Zeit des Fürsten Brîncoveanu gezeigt, die Kunsthandwerker für ihn oder die von ihm gestifteten Kirchen gefertigt hatten. Ferner findet man Gemälde, Teppiche, Zinnkrüge, Gewänder, Schnallen und Ringe, Grabsteine, Säulen aus der Epoche des Fürsten. (*Täglich, außer montags und dienstags, von 10–16 Uhr geöffnet.*)

Auf der dem See abgewandten Seite des Schlosses und außerhalb der Mauern des Hofes steht noch heute die 1688 erbaute *Brîncoveanu-Kirche*. Kurz nach der Fertigstellung des Schlosses wurde diese Kirche mit Wandmalereien versehen (1705). Alte Grabsteine mit zum Teil kyrillischer Beschriftung zeugen von den einstigen Besitzern.

Neben dem Schloß findet man noch das Heim des rumänischen *Schriftstellerverbandes*, das in einem ehemaligen Seitentrakt untergebracht ist.

Wenn man in das Dorf zurückkehrt und über die Nationalstraße *N 1 A* in Richtung *Ploieşti* fährt, gelangt man bald nach

Buftea (43 m), 19 km, dem Sitz der rumänischen Filmindustrie. Auf beiden Seiten der Straße dehnen sich die Studios.

Hinter dem Dorf *Buftea* liegt, inmitten eines weiten Parks, das ehemalige Palais des Prinzen *Barbu Ştirbei* (1849–56). Er gehörte dem Herrschergeschlecht in *Muntenien* an. Auf einer kleinen Insel im See von Buftea befindet sich, innerhalb eines alten Klosterhofs, eine Kuppelkirche.

2. Verläßt man Bukarest zu einem anderen, allerdings nur kurzen Ausflug nach Norden, so fährt man wiederum die *Băneasa-Chaussee* entlang, am Flugplatz vorbei bis zur Abzweigung (nach rechts) zum

Băneasa-Wald, 10,5 km. Er ist das beliebteste Ausflugsziel der Bukarester. Man kann auch mit dem Linienautobus Nr. 48 dorthin gelangen. Im Wald liegt ein See gleichen Namens und der kleine Zoologische Garten Bukarests.

Mitten im Wald findet man die beiden schon erwähnten Restaurants „Pădurea Băneasa" und „Parcul Privighetorilor".

3. Folgt man der Nationalstraße *N 1* zu einem ganztägigen Ausflug in Richtung Ploiești, so gelangt man nach einer halben Stunde Fahrt nach

Snagov (61 m), 40 km, und dem großen Naturpark in seiner Umgebung. Der See, das Kloster und der riesige Wald von *Snagov* sind im Sommer das Ziel von vielen Erholungssuchenden; Übernachtungsmöglichkeiten sind vorhanden. Auf dem 18 km langen See werden internationale Sportwettkämpfe ausgetragen. Die Strandanlagen sind durch einen Liniendienst von kleinen Dampfern miteinander verbunden.

Der *Snagov-See* ist ein Eldorado für Angler. Hier wurden schon 150 kg schwere Welse, 32 kg schwere Karpfen und 16 kg schwere Hechte gefangen. Auch Unterwasserfischen kann hier betrieben werden, denn das Wasser ist sehr klar und vegetationsreich. Für Wasserski ist der See gleichfalls geeignet. Kahn- und Ruderpartien sind möglich.

Ein großer Teil des Sees und des Waldes von *Snagov* steht unter Naturschutz. So findet man hier die kaukasische Buche und Esche und den indischen Lotos. An einigen Stellen ist der See mit weißen und gelben Seerosen bedeckt.

⛺ Im *Snagov-Wald* am Seeufer. Das Campinggelände ist gesichert. Kalt- und Warmwasser, elektrischer Strom, Kioske.

Das *Snagov-Kloster* kann man mit dem Dampfer oder mit dem Kahn erreichen. Es wurde 1517 anstelle eines Klosters aus dem 15. Jahrhundert auf einer Insel erbaut, die einst den Fürsten

Pădurea Băneasa

Munteniens als Zufluchtsort diente. Der Grundriß der Kirche und die gemauerte Altarwand erinnern an die Kirche von *Athos*. Hervorstechend ist die Ausgeglichenheit und Solidität des mit Pfeilern, Arkaden, Gewölben, Türmen und Kuppeln versehenen Baus, dessen Wände im 16. Jahrhundert mit religiösen Motiven bemalt wurden. Beachtenswert ist auch die aus Blendziegeln bestehende Außendekoration.

Auf Veranlassung des Fürsten *Matei Basarab* wurde im 17. Jahrhundert hier eine Druckerei für Kirchenbücher eingerichtet, die bald zu den wichtigsten im Land zählte. Die dort in griechischer und arabischer Sprache gedruckten Bücher wurden damals bis in den Nahen Osten exportiert.

Am See und in einem parkähnlichen Teil des Waldes versteckt, liegt auch das Gästehaus der rumänischen Staatsregierung. Ein ehemaliges königliches Sommerpalais wurde um- und ausgebaut und dient jetzt als Schauplatz von Empfängen und Konferenzen.

Dieses Gebiet ist jedoch für Touristen meist gesperrt.

4. Erneut verläßt man die Hauptstadt auf der *N 1*. Bei km 29 (*Căciulați*) biegt man jedoch nach rechts ab und erreicht nach 9 km das Kloster

Căldărușani am gleichnamigen See. Malerisch inmitten eines Eichenwaldes auf einer Landzunge gelegen, ist der Bau auf drei Seiten vom *Căldărușani-See* umgeben.

Das Kloster wurde1638 von *Matei Basarab*, einem Fürsten der Walachei, gegründet und spielte eine bedeutende Rolle im Kulturleben des Landes. Einen besonderen Ruf erwarb sich die Kirchenmalerschule des Klosters aus dem 18./19. Jahrhundert. Die Maler der *Căldărușani-Schule* schmückten unter anderem die Metropolitankirche in Bukarest und die Bischofskirche in *Buzău*. *Nicolae Grigorescu*, einer der größten rumänischen Künstler schmückte als Lehrling die Klosterkirche mit Ikonen und Fresken, die Szenen der „Heilungswunder Christi" darstellen.

Das Kloster Căldărușani birgt eine der reichsten Klosterbibliotheken Rumäniens. Hier wurde die berühmte Verschronik „Beschwerde des heiligen Klosters von Silvaș aus dem Kirchensprengel Hațeg in Prislop" entdeckt, anhand derer man feststellte, daß das Kloster *Prislop* aus dem Jahre 1400 stammt.

Braşov/Kronstadt (600 m; 188 000 Einw.) zählt zu den großen Städten Rumäniens. Es ist zudem eines der größten Industriezentren des Landes und Kreishauptstadt.

Es liegt am Fuße der *Karpaten* im sogenannten *Burzenland.* Die Stadt liegt fast in der Mitte Rumäniens. Sie beherbergt auch ein Staatstheater, eine Operettenbühne, eine Philharmonie und eine Universität.

GESCHICHTE

Auf den Resten einer 1000 Jahre älteren Siedlung gründete der *Deutsche Ritterorden* zu Beginn des 13. Jahrhunderts die *Festung Kronstadt.* Der Orden war 1211 vom ungarischen König *Andreas II.* im *Burzenland* mit Grund und Boden beschenkt worden. Kronstadt wurde im Mittelalter eine der wichtigsten Schutzburgen.

In der Neuzeit war Kronstadt ein geistiger und wirtschaftlicher Mittelpunkt der volksdeutschen Minderheit in Rumänien. Deutsche Kultureinflüsse sind bis heute an vielen Stellen sichtbar geblieben.

SEHENSWÜRDIGKEITEN

Zentrum von Braşov und Ausgangspunkt einer Stadtbesichtigung ist die

Schwarze Kirche [1] (*Biserica Neagră*), die als Wahrzeichen von Kronstadt

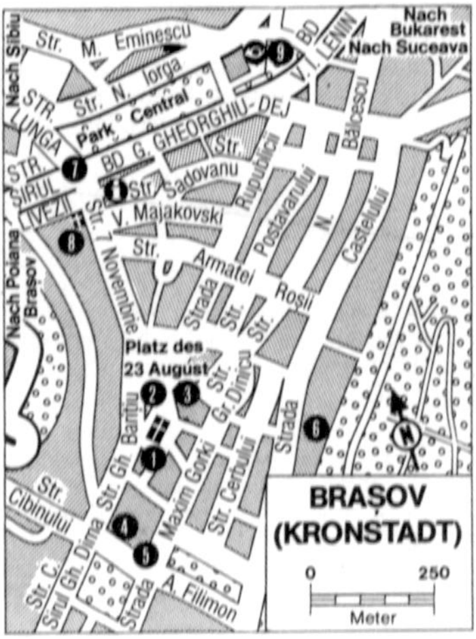

auch das ganze Stadtbild beherrscht. Das 1385 bis 1477 errichtete Bauwerk gehört zu den eindrucksvollsten Gotteshäusern deutscher Gotik in Europa und ist eine der größten Kirchen Rumäniens. Noch heute wird dort in deutscher Sprache evangelischer Gottesdienst abgehalten. Der Bau heißt „Schwarze Kirche", seitdem ein Brand im späten 17. Jahrhundert die Mauern und Außenfiguren geschwärzt hat.

Vor der Kirche ist das Standbild von *Johannes Honterus* (1498–1549), das Reformators von Siebenbürgen. Im Gotteshaus werden auf der Kirchenorgel (mit über 4000 Pfeifen) regelmäßig Konzerte gegeben. Die im Kirchenschiff ausgehängte Sammlung von mehr als 120 orientalischen Teppichen (15.–18. Jh.) ist bei Fachleuten in der ganzen Welt berühmt.

Sehenswert ist auch der goldene Kirchenschatz, den der evangelische Stadtpfarrer im Gemeindehaus (der Kirche gegenüber) aufbewahrt.

Ganz in der Nähe der Kirche steht, am *Platz des 23. August*, das alte

Rathaus [2], in welchem heute das *Heimatkundemuseum* des Kreises Kronstadt untergebracht ist. Das Anfang des 15. Jahrhunderts errichtete Gebäude wurde 1778 barockisiert und kurz vor dem Ersten Weltkrieg erneuert. An der Stirnseite des alten Rathauses prangt das farbige Stadtwappen. An diesem einstigen *Marktplatz* liegt der 1545 errichtete

„Karpatenhirsch" [3] (*Cerbul Carpatin*), einst Eigentum der Familie *Hirscher*, heute ein gut geführtes Restaurant, wo vor allem rumänische Spezialitäten serviert werden. Geht man von dort nach Süden, so gelangt man an die *Strada Maxim Gorki*, der man – rechts hinauf – bis zum

Katharinen-Tor [5] und der direkt daneben liegenden *Schmiedebastei* [4] folgt. Beide sind Teile der alten Stadtmauer. Von dieser mittelalterlichen Verteidigungsanlage findet man Reste im Bergwald südlich der Stadt, bei der

Weberbastei [6]. Heute befindet sich in dem 1438 erbauten Gebäude das *Stadtmuseum.* Auf der entgegengesetzten Seite der *Schwarzen Kirche* und des *Rathauses*, also nach Norden, findet man an einem freien und mit Garten-

Poiana Braşov

anlagen verzierten Platz zwischen der *Strada Lungă* und der *Strada 7 Novembrie* das neue *Theater* [7], wo gelegentlich auch Stücke in deutscher Sprache gespielt werden. Am breiten *Bulevardul Gheorghe Gheorghiu-Dej* liegt das moderne Hochhaus des Hotels „Carpaţi", das zu den größten und schönsten Hotels in Rumänien zählt.

Bevor man vom Theater dorthin gelangt, kommt man noch am Sitz der *Landesregierung* [8] (Regions-Volksrat) vorbei. Schräg gegenüber vom Hotel „Carpaţi" kann man den gelben Bau der *Hauptpost* [9] und des *Bürgermeisteramtes* (Stadt-Volksrat) sehen.

PRAKTISCHE HINWEISE

Făgăraş–Sibiu/Hermannstadt, Ploieşti–Bukarest, Sighişoara/Schäßburg.

Bukarest, Sibiu/Hermannstadt, Poiana Braşov.

(Luxus) „Carpaţi", Bld. G. Gheorghiu-Dej 9; „Capitol", Bld. Gh. Gh. Dej 19.

„Postăvarul", Str. Politehnicii 2.

von Poiana Braşov (14 km).

Dîrste, 7 km.

Information: Rumän. Touristenamt, Bld. Gh. Gheorghiu-Dej 25.

AUSFLÜGE

1. Zum Wintersportzentrum *Poiana Braşov* (1050 m) führt eine knapp 15 km lange, neue Alphaltstraße, von der aus man schöne Ausblicke auf *Kronstadt* und das *Burzenland* hat. Eine Fahrt oder ein Aufstieg (drei Stunden) lohnt auch im Sommer. Im Winter sind fünf Skipisten, mehrere Skilifts, Sprungschanzen, eine Drahtseilbahn und zwei Natureisbahnen in Betrieb. Mit der Sesselbahn gelangt man das ganze Jahr über innerhalb von 20 Minuten auf den 1804 m hohen *Postăvaru-Gipfel*, von wo aus man einen Rundblick über die Karpaten hat.

Die Spezialitätenrestaurants „Şura Dacilor", „Coliba Haiducilor" und „Capra Neagră" servieren erstklassige rumänische Speisen.

„Teleferic", „Alpin", „Cincaş", „Soimul", „Caraiman".

„Sport", „Bradul", „Poiana", mehrere Ferienhäuser.

2. Man folgt der Nationalstraße *N 73* bis nach *Rişnov/Rosenau* (14 km von *Kronstadt*), einer alten *Daker*-Siedlung. Die Römer bauten hier in der Nähe das Lager *Cumidava* (2. Jh. n. Chr.), von dem heute nur noch die Ruinen zu sehen sind, und deutsche Siedler bauten im 13./14. Jahrhundert eine Bauernburg. Weitere 12 km nach Südwesten kommt man dann nach *Bran*. Die *Feste Bran* (*Törzburg*) erinnert in Details an die *Marienburg* des Ritterordens in *Ostpreußen*. Auch die *Törzburg* wurde vom Ritterorden (1212) erbaut. Im Burginnern ist ein Museum für Feudalkunst untergebracht. Neben der Burg wurde ein volkskundliches Freilichtmuseum aufgebaut mit sehenswerten alten Bauernhäusern und Gegenständen der Volkskunst.

Von Bran führt einer der schönsten Übergänge der Karpaten durch den *Bran-Paß* zur *Dîmbovicioara-Grotte* (30 km auf der Nationalstraße *73*).

Schwarze Kirche

Sibiu/Hermannstadt (415 m; 139000 Einw.) ist eine der ältesten Städte von *Siebenbürgen* und hat zugleich den größten Anteil an deutscher Bevölkerung (20000). Es liegt am Südrand des *transsylvanischen Hochlandes*, unmittelbar am Fuß der Karpaten, ist Hauptstadt des Kreises Sibiu und ein wichtiger Warenumschlagplatz. Metallindustrie und Buchdruckerei sind neben den Wurstfabriken („Salam de Sibiu") die wichtigsten Wirtschaftsfaktoren der Stadt.

GESCHICHTE

Schon die *Römer* hatten hier, am Schnittpunkt alter Handelsstraßen, das Lager *Cedonia* gebaut, das den *Roten-Turm-Paß* schützte. Die „Sachsen" (richtiger: Moselfranken) kamen vor 800 Jahren in diese Gegend und gründeten die Stadt, die sich im Mittelalter zu einem wichtigen Handwerkszentrum entwickelte. Die alten Zunfthäuser zeugen noch heute davon.

Bis zum heutigen Tag ist Hermannstadt Bischofssitz der deutschen Evangelischen Kirche (*Augsburger Bekenntnis*) Siebenbürgens.

SEHENSWÜRDIGKEITEN

Die Stadt hat ihr mittelalterliches Gepräge bis auf den heutigen Tag bewahrt. Winklige Gassen und alte Zunfthäuser vermitteln den Eindruck, in einer alten deutschen Stadt zu sein. Alles gliedert sich um den

Platz der Republik (*Piața Republicii*) [1], und die unmittelbar angrenzenden Plätze und Straßen. Hier steht auch das einstige Palais des Barons *Samuel von Brukenthal*, das jetzige

Brukenthal-Museum [2], dessen Gemäldesammlung mit Werken von *Rembrandt*, *Rubens*, *van Dyck* und von rumänischen Malern (*Nicolae Grigorescu* u.a.) zu den ältesten Museen Europas (1790) gehört. Zu den rund 900000 Ausstellungsstücken gehören in der *Volkskunstabteilung* auch Trachten und Bauernstuben von Siebenbürger „Sachsen". In der *Geschichtsabteilung* werden Ausgrabungen aus griechischer und römischer Zeit, Skelette, Münzen und Urkunden gezeigt. (*Das Museum ist dienstags bis samstags von 10 bis 18 Uhr und sonntags von 10 bis 14 und von 16.30 bis 18.30 Uhr geöffnet.*)

Das Palais beherbergt auch die *Brukenthal-Bibliothek* mit fast 220000 Bänden und Zeugnissen der Druckkunst aus dem 15. und 16. Jahrhundert. (*Öffnungszeiten täglich von 10 bis 17 Uhr, montags geschlossen.*)

Am *Platz der Republik* steht der

Rathausturm [3] (13./14. Jh.) mit den in das Gemäuer eingelassenen Kugeln aus den Zeiten früherer Belagerungen. Daneben die barocke katholische Kirche (1726–38). Gegenüber liegt das

Bischöfliche Palais [4] der Evangelischen Kirche und das *Theologische Seminar*. An der gleichen, südseitigen Straßenfront steht das *Hallerhaus* (15. Jh.) und das sogenannte „Generalsloch", ein Torbogen, der zum *Schillerplatz* [5] führt, wo eine Büste Schillers zu sehen ist. Am *Brukenthal-Museum* vorbei gelangt man zur

Evangelischen Kirche [6] (14./15. Jh.), in der sich die deutsche Gemeinde zu

Stiege in der Altstadt

Gottesdiensten versammelt. Neben den Gräbern von Fürsten aus Siebenbürgen sind hier vor allem das Taufbecken und die Darstellung der *Kreuzigung Christi* (beide 15. Jh.) von Bedeutung. Vom Kirchturm öffnet sich ein schöner Rundblick über die Stadt. Unweit der Kirche liegt der

Platz des 6. März (*Piața 6 Martie*) [7], an dem die Häuser der 20 Zünfte

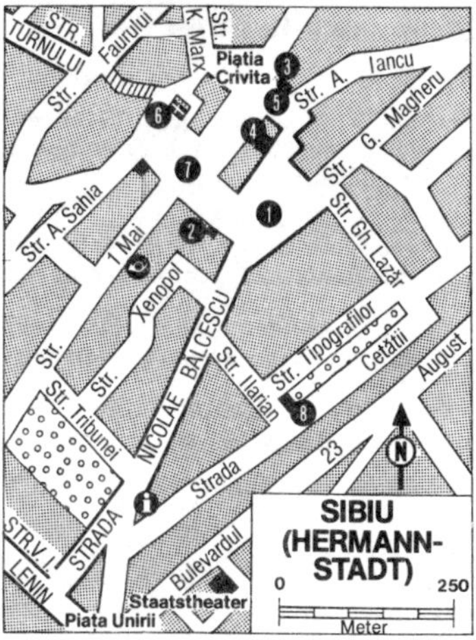

standen, von denen nur das *Kürschnerhaus* erhalten blieb. Die Bogengänge, in denen die Handwerker früher ihre Ware verkauften, wurden wieder freigelegt.

Südöstlich des Stadtzentrums liegt der *Piaţa Unirii* mit dem *Staatstheater*, das auch über eine deutsche Abteilung verfügt. Von hier kann man nach Nordosten, in Richtung *Bulevardul 23 August*, die alten

Stadtmauern [8] mit ihren Türmen und Basteien verfolgen, die noch heute die Namen der Zünfte tragen, welche sie vor 500 Jahren gebaut haben.

Am Spätnachmittag lohnt sich ein Spaziergang entlang des „Korso“, auf der *Strada Nicolae Bălcescu*, zwischen dem *Platz der Republik* und dem *Piaţa Unirii.*

PRAKTISCHE HINWEISE

🚂 Braşov/Kronstadt–Bukarest, Sebeş/Mühlbach–Deva, Sebeş/Mühlbach–Cluj/Klausenburg, Mediaş/Mediasch.

🚌 Cluj/Klausenburg, Braşov/Kronstadt, Tîrgu Mureş, Dumbrava-Wald.

✈ Bukarest, Cluj/Klausenburg.

🏨 „Impăratul Romanilor“, Strada Nicolae Bălcescu 4. „Bulevard“, Str. Lenin 2; „Continental“.

⛺ Im Dumbrava-Wald.
Touristenamt: Strada N. Bălcescu 53.

AUSFLÜGE

1. Knapp 7 km außerhalb der Stadt liegt, in südlicher Richtung, der *Dumbrava-Wald* mit dem Campingplatz (in der Nähe ein ethnographisches Freilichtmuseum).

Aus dem Zentrum von Sibiu folgt man vom *Piaţa Unirii* der Nationalstraße *N 1* in Richtung *Făgăraş* und biegt gleich hinter dem piaţa Unirii nach Răşinari ab. Im Wald, an einem kleinen Teich, liegt auch ein Restaurant. Eine Straßenbahn fährt bis hierher und weiter nach *Răşinari*, 11 km, einem alten Schäferdorf und interessanten Folklore-Zentrum.

Über *Răşinari* hinaus geht die Straße weiter zum Wintersportort *Păltiniş*. Von hier aus sind im Sommer Wanderungen zu den Karpatengipfeln der Umgebung des *Cibin-Gebirges* reizvoll. Im Winter bietet *Păltiniş* Skitouren für Fortgeschrittene. Die Landschaft ist stellenweise unberührt, die Straße nach *Păltiniş* ist bis zu dem 1200 m hoch gelegenen Luftkurort ausgebaut. Mehrmals täglich verkehrt ein Autobus.

2. Sibiu/Hermannstadt ist auch der Ausgangspunkt für zahlreiche Wanderungen und Bergsteigertouren im *Făgăraş-Gebirge*. In einem vielstündigen Aufstieg in der weiteren Umgebung der Stadt kann auch der *Moldoveanul* (2543 m), der höchste Berg Rumäniens, erklommen werden. Nähere Auskünfte erteilt das Rumänische Touristenamt.

Im Făgăraş-Gebirge

Route 1: Von der jugoslawischen Grenze nach Bukarest (874/663/585 km)

A: MORAVIȚA – TIMIȘOARA – TURNU SEVERIN – PITEȘTI – BUKAREST

Man passiert die Grenze auf der Europastraße *E 94* aus Richtung *Belgrad* und erreicht den rumänischen Grenzort *Moravița*. Nach 60 km führt die kurz vor *Timișoara* vierspurig ausgebaute Nationalstraße *N 59* in die Hauptstadt des *Banats*,

TIMISOARA/TEMESCHWAR

Timișoara/Temeschwar (209000 Einw.) ist das Verwaltungszentrum des Kreises *Timiș*, in dem heute noch über 170000 Deutsche leben. Es liegt in der Banater Ebene und ist auch der wirtschaftliche und kulturelle Mittelpunkt Westrumäniens.

Geschichte

Erste Zeugnisse menschlicher Siedlung gehen bis in die Steinzeit zurück. Im 1. Jahrhundert n. Chr. war das *Banat* Einfallstor für die römischen Legionen. Zu Beginn des 14. Jahrhunderts verlegte *Charles Robert von Anjou* (1308 bis 1342), König von *Ungarn*, seine Residenz vorübergehend nach Temeschwar und baute dort das Schloß. 1554

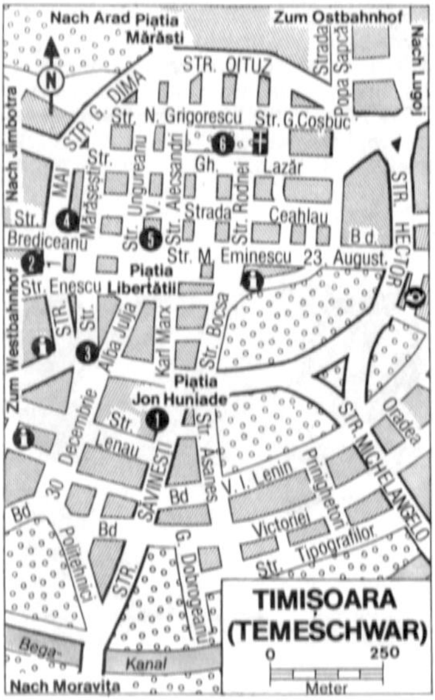

wird die Festung von den Türken erobert und erst 1718 durch *Prinz Eugen* wieder befreit.

Während der Revolution von 1848 wird die Stadt über hundert Tage von den Revolutionstruppen belagert. Bis 1918 gehörte Temeschwar zur österreichisch-ungarischen Monarchie. Nach dem *Ersten Weltkrieg* kam es zu Rumänien.

Sehenswürdigkeiten

Der Rundgang durch die alte Stadt an der *Bega* beginnt beim

Hunyaden-Schloß [1], das heute das Regionalmuseum beherbergt. Vom ungarischen König *Charles Robert von Anjou* (1308–42) gebaut, wurde es in der ersten Hälfte des 15. Jahrhunderts vom Heerführer *Jancu von Hunedoara* (*Hunyad*) fast vollkommen restauriert. Heute trägt es seinen Namen. Die letzten Neuerungen wurden 1856 vorgenommen. Ursprünglich war es ein einfaches Gebäude in Schiffsform, mit starken Mauern.

Am Eingang zum Museum sind auf einer Glasplatte alle Umgestaltungen, denen das Schloß unterworfen war, aufgezeichnet. Das Museum selbst zeigt Fundstücke aus der Frühzeit, zahlreiche Dokumente aus dem Mittelalter, als im Sumpfgebiet des Banats die Festung Temeschwar gebaut wurde, sowie volkskundliche und naturwissenschaftliche Sammlungen.

Von der alten Festung, die nach der Befreiung von den Türken den Erfordernissen neuzeitlicher Verteidigung nicht mehr entsprach und daher abgetragen wurde, ist heute fast nichts mehr zu sehen. Reste der alten

Kasematte [2] findet man am Ende der *Brediceanu-Straße* und hinter dem Krankenhaus für Augenleiden. Die Burgmauern zogen sich einst dort entlang, wo heute das *Staatstheater* [3] mit der Oper und den deutschen und ungarischen Bühnensektionen steht.

Eine am Haus *Ceahlău-*/Ecke *Mărășești-Straße* angebrachte

Erinnerungstafel [4], die an der Stelle des einstigen Burgtores befestigt wurde, erzählt in deutscher Sprache von der Befreiung der Stadt durch *Prinz Eugen* (1718). In der *Ceahlău-Straße* findet

Hunyaden-Schloß

man in der Nr. 34 auch das 1817 erbaute *Prinz-Eugen-Haus.*
Sehenswert ist ferner das im Barockstil 1731 bis 1734 erbaute alte *Rathaus* [5] am *Piața Libertății*, der nahe der *Ceahlău-Straße* liegt. Geht man vom Platz die *Strada Alecsandri* nach Norden, so kommt man zum

Piața Unirii [6], wo sich die riesige römisch-katholische *Kathedrale* (1736 bis 1754 erbaut) mit zweitürmiger Spätbarockfront erhebt. Am gleichen Platz steht das von *Johann Antonyi* und *Hen von Hansen* 1740 errichtete Denkmal der *Heiligen Dreifaltigkeit*, die sogenannte Pestsäule. Der Platz hat seit dem 18. Jahrhundert sein Aussehen bis auf den heutigen Tag bewahrt. Im Jagdwald nordöstlich der Stadt vermittelt das Banater Dorfmuseum einen interessanten Einblick in die dörfliche Bauweise dieser Region.
Im Süden der inneren Stadt fließt der *Bega-Kanal* durch Temeschwar, in den Außenbezirken sind neue Wohnviertel entstanden. Die Institute der Universität sind über die ganze Stadt verteilt. Lohnenswerte Ausflüge führen in den Bade- und Luftkurort *Buziaș* (31 km südöstlich) und nach Nordwesten in das Dörfchen *Lenauheim*, die Heimat des bekannten Dichters *Nikolaus Lenau.*

Praktische Hinweise

🚂 Craiova–Bukarest, Stamora–Belgrad, Jimbolia–Zagreb, Arad–Oradea–Budapest.

🚌 Arad, Lugoj, Deta. Zehn Stadtautobuslinien.

✈ Bukarest und Provinzstädte.

🏨🏨 „Continental", Bld. 23. August; „Timisoara", Str. 1 Mai 2.

🏨 „Banatul", Str. Republicii 5; „Carpati", Str. Piatra Craiului 4.

⛺ Am *Grünen Wald*, 4 km.
Touristenamt: Str. Piatra Craiului 3.

Über *Lugoj*, die Heimat der Dichter *Ion.P.Bănățeanul* und *Victor Vlad Delamarina*, sind es 104 km durch sanfte Vorgebirgshügel mit Weingärten und Obstplantagen bis nach

Caransebeș. Die Stadt ist Ausgangspunkt für zahlreiche Ausflüge in die *Poiana Mărului* (800 m) oder auf den *Muntele Mic* (1805 m) hinauf, einen neuen Wintersportort mit Hotels, Ferienhäusern, Hallenbad, Kino, Skilift etc.

In Caransebeș zweigt die *N 68* nach links ab in Richtung *Deva*. Hinter den Schloten der Stahl- und Walzwerke von Oțelu Rosu führt eine Straße beim Sägewerk Zavoi nach rechts hinauf zum 1977 in Betrieb genommenen Touristenkomplex „Poiana Mărului". Zurück auf der *N 68* erreicht man durch eine Reihe netter kleiner Dörfer nach etwa 53 km *Sarmizegetusa*, die alte Hauptstadt der Daker. 106 n.Chr. zerstörten die Legionen *Trajans* die Stadt völlig und erbauten eine neue mit dem Namen *Ulpia Traiana-Sarmizegetusa.* Heute sind nur noch zahlreiche Ruinen und einige Kunstwerke zu sehen. Weiter in Richtung *Deva* kann man in *Hațeg*, 235 km, (71 km von Caransebeș) erneut nach links abbiegen und *Hunedoara*, 256 km (86 km von Caransebeș) besuchen, das Schwerindustriezentrum Rumäniens. Hier stehen die größten Stahlwerke des Landes.

Die alte Festung *Hunedoara* erhielt 1409 *Voicu Corvin* als Belohnung für seine Dienste vom ungarischen König als Geschenk. Sein Sohn *Johann Corvin* (Hunyad) erlangte großen Ruhm durch seine zahlreichen siegreichen Gefechte gegen die Türken. Ein Teil des Eingangs der Festung (gotisch) stammt noch von *Hunyad* selbst, die anderen Teile von *Matthias Corvinus* (1486) und *Bethlen Gabor* (1619–1624).

Man kehrt über Hațeg und Caransebeș 348 km, auf die *E 94* zurück und erreicht nach 67 km durch hügellige Landschaft mit Gebirgszügen zu beiden Seiten das Städtchen *Mehadia*, 415 km. An diesem Ort treffen alle drei Varianten zusammen.

B: MORAVIȚA – DETA – REȘIȚA – CARANSEBEȘ – TURNU SEVERIN – PITEȘTI – BUKAREST

Auf der *N 59/E 94* zweigt man 17 km hinter der Grenze in *Deta* nach *rechts* ab auf die *N 582* in Richtung *Reșița* (*Reschitza*), 85 km, einer bekannten Industriestadt mit ca. 70000 Einwohnern an den Ufern der *Bîrzava.*

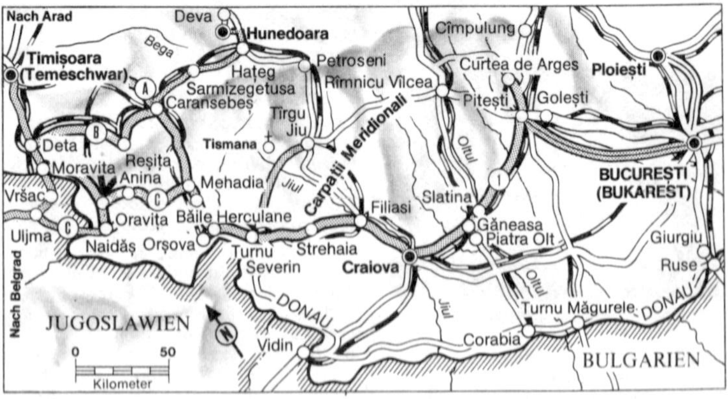

Das erste Hüttenwerk der rumänischen „Ruhr" wurde schon 1771 gegründet. Inzwischen ist es durch ein Siemens-Martinstahlwerk und eine vollautomatische Anlage modernisiert worden. Hochöfen und Montagehallen bestimmen das Bild der Stadt. Schon im 1. und 2. Jahrhundert n. Chr., zur Zeit der Römer, wurde hier nach Edelmetallen geschürft. In Reşiţa leben viele Rumänen deutscher Volkszugehörigkeit.

🏨 „Hotel Semenic".

Die Stadt liegt im Vorgebirge und bietet ebenfalls verschiedene Ausflugsmöglichkeiten in die Umgebung: Nur 10 km entfernt entstand im Gebirge am Stausee *Secul* in einer wildromantischen Landschaft ein sehr nettes Erholungszentrum mit Hotel, Campingplatz, einer rumänischen Weinstube und dem Spezialitätenrestaurant „Şura Ortacilor" (Kumpanenkneipe). Bis zum Stausee *Valiug* am Fuße des *Semenic* sind es 22 km auf gut asphaltierter Straße. Auch hier findet man touristische Einrichtungen. Eine Drahtseilbahn führt hinauf in den Wintersportort *Semenic*, 1447 m, der auch als beliebte Sommerfrische gilt.

Der letzte Wegabschnitt auf der *N 58* von Reşiţa bis zur *N 6* nach *Caransebeş*, 137 km (49 km von Caransebeş), führt durch eine abwechslungsreiche Tal- und Hügellandschaft. Am neuesten Wohnviertel Reşiţas, der „Lunca Bîrzavei" vorbei passiert man nach 8 km das Campinggelände „Meste cănis" und 2 km weiter das Dorf *Soceni*, in dessen Nähe (etwa 350 m von der Straße auf der Wiese) die paläontologischen Reservationen versteinerter Mollusken, „Tursilava" und „Poliţoania", besichtigt werden können.

Die gut ausgebaute Straße windet sich in waghalsigen Serpentinen über die Berge des „Pogăniciul" nach *Păltiniş*, wo eine Kirche aus dem 17. Jahrhundert, mit Wandmalereien und Ikonen, zum Besuch einlädt. Von hier aus führt die Straße hinab in das Tal des Timiş nach Caransebeş, 116 km.

Wie bei *A* erreicht man nach 67 km *Mehadia*, 204 km.

C: NAIDĂŞ – ORAVIŢA – ANINA – TURNU SEVERIN – BUKAREST

Auf der Strecke von Belgrad zur rumänischen Grenze zweigt man nach 70 km in *Uljma* von der *E 94* nach rechts ab und passiert die Landesgrenze im rumänischen Grenzort *Naidăş*. Nach kurzer Fahrt durch urwüchsig rustikale Gemeinden erblickt man das hübsche Städtchen *Oraviţa*, 30 km. Nun steigt der Weg in vielen Kehren durch weite Nadelwälder über das *Semenic-Gebirge*. Beim Sanatorium „Marilla" beginnt die Talfahrt durch die *Cheille Minisului* nach *Bozovici*. Von Oraviţa klettert auch eine Eisenbahnlinie über die Berge nach *Anina*. Sie ist eine der ältesten des Landes. Sie wurde von italienischen Meistern und Arbeitern in den sechziger Jahren des vorigen Jahrhunderts angelegt. Viele hundert Meter Fels mußten ausgehauen werden, und über weite Strecken führt die Linie über abgründige Schluchten hinweg, über Viadukte und durch Felstunnel, wobei sie eine große Steigung bewältigt. Dieser Schienenweg ist ein technisches Meisterwerk.

Auf halbem Weg zwischen *Oravița* und *Bozovici*, am Zusammenfluß des *Miniș* und des *Poneasca*, liegt ein hübscher Campingplatz. Von hier windet sich eine gut angelegte Gebirgsstraße nach *Poneasca*, 6 km, einem Kurort mit Ferienhäusern, Sportanlagen und guten Bademöglichkeiten. Weiter führt die Strecke auf zum Teil allerdings schlechter Straße nach *Bozovici* (3200 Einw.), 70 km. Es folgen weitere 56 km durch Engpässe mit steilen Wänden, vorbei an Grotten, weißen Kalkfelsen, an grauem und rötlichem Gestein und spitzen Graten bis nach *Mehadia*, 126 km.

Man trifft hier auf die *E 94/N 6* und fährt auf der Route 1 A (Moravița–Mehadia, 415 km) weiter.

Nach weiteren 10 km zweigt man nach links ab und erreicht das bekannte Heilbad

Băile Herculane (160 m; 2700 Einw.). Der Kur- und Erholungsort im *Cerna-Tal* liegt am Fuße des *Domogled-Massivs* (1106 m) windgeschützt im Wald. Die Soldaten *Trajans* hatten die Quellen entdeckt und benutzten ihre Heilkraft. Sie nannten sie *Ad Aquas Herculi Sacras*: „Zu den heiligen Wassern des Hercules“. Moderne Kuranstalten und Sanatorien setzen die antike Tradition fort. Der außerordentliche Wert der Mineralquellen von Herculesbad liegt in ihrem besonderen Wärmegehalt, der gehobenen Mineralisierung und der starken Radioaktivität. Als Bäder für Trinkkuren verwendet, wirken sie vor allem günstig auf den Stoffwechsel. Rheumatische Beschwerden und altersbedingte Krankheiten werden wirkungsvoll bekämpft.

🏨🏨 „Cerna“, „Hercules“, „Roman“, „Diana“.

Zurück auf der *N 6/E 94* zweigt nach 10 km eine Straße zum neuen Stausee „Porțile de fier“ (Eisernes Tor) ab.

Im Jahre 1964 begannen hier an der berühmten Engstelle der Donau die jugoslawisch-rumänischen Arbeiten zum Bau eines Wasserkraftwerkes. Im Oktober 1971 nahm das sechste und letzte Aggregat seinen Betrieb auf. Die sechs Turbinen erzeugen jährlich 5 Milliarden kWh elektrische Energie. Auf jugoslawischer und rumänischer Seite regeln zwei Schleusen den Schiffsverkehr.

Orșova (11300 Einw.), das am Ufer des Stausees liegt, wurde vollkommen neu erbaut und beherbergt auch wieder die Schätze des vom Stausee überfluteten alten Orșova (in römischer Zeit Tierna genannt), so die Kronkapelle, in der der ungarische Freiheitskämpfer Lajos Kossuth (1802–1894) die Stephanskrone versteckt hatte. Im früheren Orșova begann die „Trajansstraße“ entlang der Donau, über deren Bau eine im Jahre 101 angebrachte Tafel (*Tabula Trajana*) am Seeufer berichtet. Kaiser Trajan ließ diese nur 2 m breite Straße neben der Donau bauen, um seine Truppen rascher bewegen zu können.

Mit dem alten Städtchen versank auch die malerische Insel *Ada Kaleh* in den Fluten der Donau. Ihre Altertümer wurden Stück für Stück abgebaut und auf der Stauseeinsel Simian, die bereits den Namen Neu-Ada Kaleh trägt, wieder errichtet. Ada Kaleh war 1440 von den Türken befestigt worden und wurde erst 1918 rumänisch. Bis 1912 blieb es, inmitten der österreichisch-ungarischen Monarchie gelegen, türkisches Hoheitsgebiet. Fremdenführer erzählten bei Besichtigung der alten Insel, der Berliner Kongreß (1878) habe vergessen, über das Schicksal des Eilandes zu entscheiden. Auf Neu-Ada Kaleh erinnern die wieder aufgebaute Moschee mit ihrem Minarett, die Kasematten und die Mauern der Festung an die Türkenzeit.

🏨 „Dierna“.

Zurück auf der *N 6/E 94*, die in kühnen Überführungen und Brücken am Seeufer entlang führt – auch die Bahnlinie am Ufer mußte auf eine höhere Trasse gelegt werden – erreicht man nach etwa 20 km den riesigen Staudamm des Kraftwerkes. Der 17 m hohe und 441 m lange Damm verbindet die beiden Donauufer und eröffnete einen neuen Grenzübergang zwischen Rumänien und Jugoslawien. Weiter durch die Enge von *Cazane* verläuft die Straße am Ufer der nun bezähmten Donau entlang bis nach

Drobeta Turnu Severin (64000 Einw.), 475 km, (25 km von Orșova) an der Donau. Außer dem *Rosenpark* sind die Ruinen der Brücke des *Apollodor von Damaskus* (103 n. Chr.) sehenswert. Diese römische Brücke ist auch auf der *Trajansäule* in *Rom* abgebildet. Zur Römerzeit hieß die Stadt *Drobeta* und war ein wichtiger Ausgangspunkt für die Züge der Legionen des Kaisers *Trajan* nach Norden entlang der Donau. Reste dieses Castrum sind noch heute zu sehen, ebenso der *Severus-Turm* (222–235 n. Chr.). Im Stadtmuseum werden archäologische und ethnographische Sammlungen gezeigt. Sie künden, ebenso wie die

Überreste einer mittelalterlichen Festung und Kirche, von der bedeutenden Rolle *Turnu Severins* in vergangenen Jahrhunderten.

🏨 „Parc", Bld. Republicii 2.

Der Hotelkomplex bietet sich als ideale Raststätte auf der Reise nach Bukarest an.

Am nächsten Morgen vor der Weiterreise lohnt ein Ausflug in das Vorgebirge *Olteniens* zum Kloster *Tismana* (etwa 50 km von *Turnu Severin*, über *Siseşti*). Die Stiftung aus dem 14. Jahrhundert liegt auf einer Anhöhe mitten im Wald. Die Klosterkirche birgt wertvolle Kunstschätze der damaligen Zeit. In unmittelbarer Nähe des Klosters befindet sich ein Kunstgewerbezentrum alter Tradition, wo vor allem rumänische Gewebe und Stickereien hergestellt werden.

In dem von Tismana 31 km entfernten *Tîrgu Jiu* kann man die Meisterwerke des berühmten Bildhauers *Brăncuşi* bewundern. Die „Runde des Schweigens", „Das Tor der Liebenden" und die „Säule der Unendlichkeit" gehören zu den bekanntesten Werken des Künstlers.

Wieder auf der *N 6/E 94* nach Bukarest passiert man das Dorf *Strehaia*, 520 km, (45 km von Turnu Severin) mit einem sehenswerten Kloster (17. Jh.).

Kurz vor *Filiasi* stößt man auf den Fluß *Jiul*, der die Straße nach Südosten begleitet bis

Craiova (206000 Einw.), 582 km, eine urkundlich 1446 erstmals erwähnte Stadt am *Jiul-Fluß*. Sehenswert sind das „Haus der Banen" (16. Jh.) und die *Sf. Dumitru-Kapelle* (16. Jh.; der „Ban" war im Mittelalter Feudalherr und Statthalter in diesem Gebiet).

Im Kunstmuseum sind neben den Werken rumänischer Künstler auch die flämischer, holländischer, italienischer und französischer Schulen vertreten. Von den rumänischen Kunstwerken sind vor allem die fünf Skulpturen des Bildhauers *C. Brăncuşi* zu erwähnen, darunter sein berühmter „Kuß".

🚗 Bukarest, Turnu Severin, Piteşti.
✈ Bukarest.

🏨 „Minerva", Str. Kogălniceanu 1. „Jiul", Calea Bucureşti 1–3. – ⛺.
Touristenamt: Str. Cuza 17–21.

Man verläßt nun die Universitätsstadt in Richtung Nordosten und überquert bei *Piatra Olt* den *Olt-Fluß*. Über *Slatina*, 630 km (48 km von Craiova), führt die Straße durch eine ausgedehnte Ebene nach

Piteşti (117000 Einw.), 704 km, der Hauptstadt des Kreises *Argeş* und einem Zentrum der rumänischen Chemie- und Lederindustrie. Die Stadt wurde im 14. Jahrhundert, unter der Herrschaft *Mircea des Alten* (1386–1418), erstmals urkundlich erwähnt. *Piteşti* hat ein Stadttheater, ein Regionsmuseum und mehrere Kirchen aus dem 17. Jahrhundert. In neuerer Zeit ist die Stadt auch als Erdölgebiet bekannt geworden. In ihrer Umgebung wachsen einige der besten Weine Rumäniens (*Piteşter Tuica*).

🚗 Bukarest – Curtea de Argeş, Slatina – Craiova.

🏨 „Arges", Str. 19 Novembrie 1. „Muntenia", Str. Victoriei. – ⛺.

Ein weiterer Abstecher von 28 km führt von Piteşti aus nach

Curtea de Argeş (19000 Einw.), 732 km, das im 14. Jahrhundert die Fürstenresidenz der *Walachei* war. Der Ort ist ein wahres Museum der rumänischen Feudalkunst. Das älteste Baudenkmal der Walachei, die *Hof-* oder *Fürstenkirche* (um 1330), ist im byzantinischen Stil errichtet. Direkt daneben liegen die Ruinen des *Fürstenhofes*, der von 1330 bis 1430 Residenz war. Besonders interessant ist die Anfang des 14. Jahrhunderts von *Meister Manole* errichtete *Bischofskirche*. Sie wurde im 16. Jahrhundert (1512–26) mit Wandgemälden und goldgeschmückten Skulpturen ausgestattet. Als typische Zeugnisse des Baustils dieser Gegend aus dem 14. Jahrhundert sind ferner die *St.-Nicoară-Kirche*, die kleine *Olari-Kirche* sowie die *Manole-Brunnen* erwähnenswert.

🏨 „Posada", Bld. Republicii 27.

Zurück in *Piteşti* führt die neue vierspurige Autobahn nach 114 km in die Landeshauptstadt, 874 km. Unterwegs biegt man jedoch nach etwa 20 km hinter *Piteşti* nach links ab und besucht

Goleşti (1750 Einw.). Dort birgt ein aus dem 17. Jahrhundert stammendes Herrenhaus der Familie Golescu ein Museum mit Zeugnissen der Revolution von 1848, in der die Familie *Golescu* eine Rolle spielte. Die ethnographische Abteilung des Museums enthält Ausstellungsstücke aus dem Kreis *Argeş*. Das „Türkische Bad" neben dem 1640 erbauten Herrensitz und die 1646 gebaute Kirche weiter abseits sind sehenswert.

Route 2: Von der ungarischen Grenze nach Sibiu/Hermannstadt (502/328 km)

A: BORȘ – ORADEA – CLUJ – ALBA IULIA – SIBIU

Nach der ungarisch-rumänischen Grenze beim Übergang von *Borș* kommt man schon nach 13 Straßenkilometern in die erste größere rumänische Stadt, nach

Oradea (126 m; 150000 Einw.), das vermutlich auf den Ruinen der römischen Siedlung *Ulpianum* gegründet wurde. Historische Urkunden erwähnen *Oradea* (zu deutsch *Großwardein*) schon 1091. Heute ist es ein wichtiges Industriezentrum des Landes (Aluminium, Maschinen, Lebensmittel). Die alten Gebäude der Stadt stammen zumeist aus der Zeit der Kaiserin *Maria Theresia* (1740–80) und sind vorwiegend im Barockstil gehalten. Sehenswert sind die *St.-Ladislaus-Kirche* (18. Jh.) mit dem Grabmal des *heiligen Ladislaus*, der 1083 *Oradea* zum Bischofssitz machte, ferner die orthodoxe *Kathedrale* (18. Jh.) mit Fresken und astronomischer Uhr („Kirche mit dem Mond"), die katholische *Bischofskirche* und die barocke *Bischofsresidenz* (18. Jh., mit Regionalmuseum).

Oradea ist fast zur Hälfte von Bürgern ungarischer Abstammung bewohnt. Die bewegte Vergangenheit der Stadt (sie war 1660 bis 1692 beispielsweise von den *Türken* besetzt) spiegelt sich in den archäologischen und historischen Museen wider.

Budapest, Cluj/Klausenburg–Bukarest.

„Transilvania", Strada Teatrului 2. „Dacia", Alea Ștrandului 1.

„Parc", Calea Republicii 5. „Vulturul Negru", Strada Independenței 1.

Băile 1 Mai, 9 km außerhalb der Stadt, neben dem Thermalwellenbad.

Touristenamt: Piața Republicii 4 und Alea Ștrandului 1.

Rumänischer Automobil-Club: Strada Teatrului 6.

In unmittelbarer Nähe der Stadt liegt zwischen kleinen, von Buchen und Eichen bewaldeten Hügeln der Kurort

Băile Felix (140 m). Fünf Thermalbäder sind ganzjährig geöffnet. Eine Trinkkur mit „Felixwasser" erhöht die Tätigkeit des Magens, normalisiert die Magensekretion und aktiviert Leber und Galle. Die *Gerovitalkuren* zur Bekämpfung von altersbedingten Krankheiten – die im gesamten Land – unter der Leitung von Professor *Dr. Ana Aslan* durchgeführt werden, genießen in aller Welt große Anerkennung.

„Nufarul". – .

Mit *Băile 1 Mai* liegt ein weiteres Thermalbad in der Umgebung von Oradea.

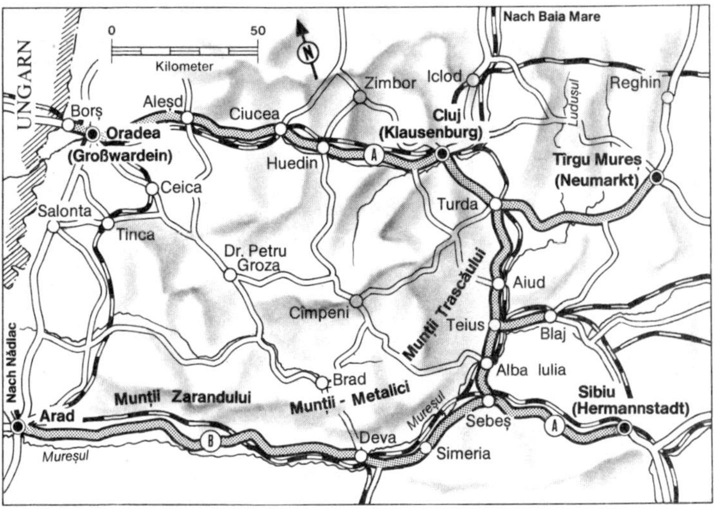

Von *Oradea* folgt man der Nationalstraße *E 15/N 1* nach Südosten und gelangt bald aus der Ebene in die Ausläufer der sogenannten Westkarpaten. Die Straße windet sich durch das Tal des „Schnellen Criş“ (*Crişul Repede*), steigt bei *Ciucea*, 94 km, bis auf 600 m in Serpentinen an und erreicht die Kreishauptstadt

Cluj/Klausenburg (345 m; 205000 Einw.), 165 km. Die ursprüngliche Dakerfestung *Napoca* wurde im 1. und 2. Jahrhundert n. Chr. von den Römern ausgebaut. Urkundlich ist die Stadt erstmals 1173 nachgewiesen. Schon damals war die Gegend wegen der Gold- und Silberfunde von Bedeutung.
Die „Babeş-Bolyai-Universität“, mit dem einzigen *Institut für Höhlenforschung* in der Welt, hat Weltruf.

Das älteste Gebäude in der auch von Rumänen ungarischer und deutscher Nationalität bewohnten Stadt ist die *Klosterkirche Mănăştur* (11. Jh.). Besonders schön sind die gotische *St.-Michaels-Kirche* (14. Jh.) und davor das Reiterstandbild des ungarischen Königs rumänischer Abstammung *Matthias Corvinus* (1458–90). Die an der *Piaţa Libertăţii* gelegene Kirche, die zugleich ein Mittelpunkt der Stadt ist, zeigt sowohl gotische als auch barocke und neugotische Stilelemente.

Das im gotischen Stil erbaute Geburtshaus von *Matthias Corvinus* ist bis heute als Museum erhalten. Im 15. Jahrhundert entstand auch das *Franziskanerkloster* (1486), das heute als Mittelschule für Musik dient. Auf Matthias Corvinus geht auch die Gründung der protestantischen Kirche zurück, vor der man eines der ersten Reiterstandbilder der Gotik, das Denkmal des *heiligen Georg* erblickt, das die Bildhauer *Martin* und *Gheorghe Nicolas* 1373 geschaffen haben. In der Stadt gibt es ein bekanntes Theater, ein *Kunstmuseum* (im Barockgebäude des ehemaligen *Bánffy-Palastes*), ein *Volkskunde-* und ein *Antiquitätenmuseum* sowie den *Botanischen Garten.*

Cluj/Klausenburg

Oradea, Sibiu–Bukarest.

Bukarest.

„Continental“, Strada Napoca 1; „Napoca“, Str. Jozsa Bela 1.

Im *Făget-Wald*, 7 km vor der Stadt. Touristenamt: Str. Şincai 2.

Von *Cluj/Klausenburg* fährt man weiter auf der Straße *N 1*, die sich kurz hinter der Stadt auf den *Feleac-Berg* (730 m) hinaufwindet. Kurz vor dem Gipfel erkennt man links einen eigentümlichen Bergfriedhof.

Turda war einst eine dakische und später römische Festung (*Potaissa*), deren Überreste sich bis heute erhalten haben. Im 16. Jahrhundert war *Turda* Sitz der Landtage des Fürstentums *Transsylvanien.* – .

Etwa 4 km hinter Turda, 200 km, zweigt man nach rechts auf die *N 75* in Richtung *Cîmpeni* ab. Hinter dem Dörfchen *Michail Viteazul* biegt man nach 9 km abermals nach rechts und erreicht auf der kleinen Nebenstraße nach etwa 2 km die *Turda-Klamm.* Über mehrere Kilometer erheben sich schroffe Felswände von imposanter Höhe, mit Gewölben und Säulen, mit Geröllhalden und Grotten verschiedener Größe.

Man kehrt zurück zur Kreuzung der *N 75* mit der *N 1/E 15 A* und gelangt auf der letzteren nach 24 km in die Hauptstadt des Kreises *Mureş*, nach

Tîrgu Mureş (332 m; 125000 Einw.), 280 km, ein bedeutendes Industrie- und Kulturzentrum des Landes. Die Stadt liegt am linken Ufer des *Mureş-Flusses* in einer malerischen Umgebung. Sehenswert sind vor allem das historische *Kunstmuseum*, der *Kulturpalast*, eine *Festung* aus dem 16. Jahrhundert und die staatliche *Dokumentationsbibliothek*.

Aus der frühen skythischen Siedlung, die im 14. Jahrhundert als *Novum Forum Siculorum* in den Urkunden genannt ist, entstand eine moderne Industriestadt.

„Grand“, Piaţa Trandafirilor 2.

Zurück auf der *N 1* kommt man bald in das hügelige Weinbaugebiet von *Aiud*, 400 km. Die mittelalterliche Festung fiel 1848 den Flammen zum Opfer.

Alba Iulia: Kathedrale

Die *N 1*, die bereits vor *Aiud* in das Tal des *Mureş/Miresch* einmündete, folgt dem Flußlauf. Nach 12 km kann man hinter *Teius* einen lohnenden Abstecher auf der *N 14 B* nach Blaj, 26 km, machen. Die kleine Stadt am Zusammenfluß der *Großen* und der *Kleinen Kokel – Tîrnava Mare* und *Tîrnava Mică* – ist ein traditionsreiches politisches und geistiges Zentrum der Siebenbürger Rumänen. Auf dem Freiheitsfeld (*Cîmpia Libertătii*) vor den Toren der Gemeinde fand 1848 eine große Versammlung der Bevölkerung aus Transsylvanien statt. Ein 1958 errichteter *Obelisk* erinnert an die Kämpfe der Bauern um politische und soziale Rechte im vergangenen Jahrhundert.

Weiter entlang der Mureş kommt man wieder auf der *N 1* bald nach

Alba Julia (250 m, 31000 Einw.), 429 km, wo noch bis heute Spuren der alten Dakerstadt *Apullon*, der römischen Kolonie und Verwaltungsstadt *Apulum*, sowie einer großen mittelalterlichen *Burg* erhalten geblieben sind. Hier hatte *Michael der Tapfere* (1593 bis 1601) zur Zeit der Vereinigung der drei rumänischen Fürstentümer seine Residenz. Zu den bedeutenden Sehenswürdigkeiten dieser alten Festung gehören die katholische *Kathedrale* (13./16. Jh.), im romanischen Stil mit gotischen Ergänzungen, sowie die *Batthyanäum-Bibliothek* (18. Jh.), die orthodoxe *Kathedrale* (1921/22) und das *Altertumsmuseum.*

In der *Battyanäum-Bibliothek* befindet sich ein Teil des *Codex Aureus*, einer Handschrift aus Gold (9. Jh.). Das mit ganzseitigen Miniaturen verzierte Pergamentmanuskript stammt aus dem Kloster *Lorsch* in Hessen.

Die Festung wurde 1514 erbaut, aber zu Beginn des 18. Jahrhunderts von den Österreichern, die seit 1699 hier regierten, zum Teil abgetragen und nach Plänen des italienischen Architekten *Giovanni Visconti* durch neue Befestigungen ersetzt.

🏨 „Apulum", Piaţa 1 Mai 3.

Weiter auf der *N 1* kommt man durch *Lancrăm*, Geburtsort des Dichters *Lucian Blaga*, dessen Grab man dort auch besichtigen kann.

Von hier sind es nur noch wenige Kilometer bis nach

Sebeş/Mühlbach, 445 km, einem siebenbürgischen Ort mit einem früher großen Anteil an deutschsprachiger Bevölkerung. Sehenswert sind die *evangelische Kirche* an der Hauptstraße und der *Studententurm* (beide 14. Jh.).

Hier verbindet sich die Straße *N 1* mit der Nationalstraße *N 7* und führt über das transsylvanische Hochland durch „sächsische" Dörfer in 57 km nach Sibiu/Hermannstadt, 502 km, siehe S. 32.

B: NĂDLAC – ARAD – DEVA – SEBEŞ – SIBIU (346 km)

Nach der Zollabfertigung in *Nădlac* erreicht man auf der *N 7* nach 50 km auf ebener Straße

Arad (160000 Einw.). Die fast 800jährige Stadt bietet mit ihren mittelalterlichen Kirchen, der *orthodoxen Kathedrale* (17. Jh.) und einer *serbischen Kirche* (17. Jh.), die von dem bekannten serbischen Maler *Alecsis* bemalt worden ist, einige echte Sehenswürdigkeiten.

Im *Ceala-Wald*, etwa 7 km außerhalb der Stadt, und auf einer Insel im *Mureş*, der durch *Arad* fließt, sind moderne Erholungszentren entstanden.

🏨 „Ardealul", „Astoria", „Parc".

Durch eine wechselvolle Landschaft mit dunklen Wäldern und hübschen, freundlichen Dörfern führt die Straße nach 156 km nach

Deva (199 m; 25000 Einw.), 206 km. Die Stadt wird überragt von einer mittelalterlichen *Burg* aus dem 13. Jahrhundert. Von ihren Zinnen bietet sich ein weiter Rundblick über das *Mureştal.*

🏨 „Dacia", „Sarmis".

Über *Simeria*, 218 km, und *Oraştie*, 233 km, mit einer sehr schönen *orthodoxen Kathedrale*, trifft man in *Sebeş*, 271 km, auf die erste Alternative.

Route 3: Rundreise durch Siebenbürgen (430 km)

Man folgt von *Sibiu/Hermannstadt* der Nationalstraße *N 1* in Richtung *Bukarest*. Bald gelangt man zur Straßengabelung, wo rechts die Nationalstraße *N 7* nach *Pitești* abzweigt. Nach etwa 30 km lohnt in *Scorei* eine einmalige Karpatenüberquerung auf der *Transfăgărașani-Straße*, die erst in jüngster Zeit fertiggestellt wurde, allerdings noch nicht asphaltiert ist. Über 28 große, 550 kleine Brücken und einen 900 Meter langen Straßentunnel in 2034 m Höhe windet sich die 90 km lange Straße über das Fagarasch-Gebirge in kühnen Serpentinen und Haarnadelkurven. Auf der „Transfogarascher" erreicht man den „Bîlea"-Wasserfall mit einer Schutzhütte und einem neuen Berghotel. Am *Bîlea-See* entlang führt die Straße auf der anderen Seite des Gebirges hinab über *Albești* nach *Curtea de Argeș* (s.S. 38).

Fährt man auf der *N 1* weiter, so lohnt sich 10 km vor Făgăraș ein Abstecher nach links zur Besichtigung gut erhaltener Kirchenburgen in Cincu (Klein-Schenk) 12 km, und Agnita (Agneteln), 30 km. Zurück auf der *N 1* erreicht man nach 77 km von Sibiu die Stadt und die Festung

Făgăraș/Fogarasch (24000 Einw.). Das Schloß (1310–1538) mit dem breiten Graben wird restauriert und soll künftig als Touristenhotel verwendet werden. In *Făgăraș* ist auch die *St.-Nikolaus-Kirche* sehenswert, im Stil ihres Stifters, des Fürsten *Constantin Brîncoveanu* (1688–1714), gebaut.

An der Strecke Sibiu–Brașov.

Sibiu/Hermannstadt, Brașov/Kronstadt, Mediaș/Mediasch. – in Perșani.

Die Nationalstraße *N 1* wird jetzt auf der rechten Seite von den mächtigen Gebirgszügen des *Făgăraș-Massivs* der Karpaten begleitet. 15 km von Brașov entfernt fährt man in Codlea (Zeiten) an einer imposanten Kirchenburg vorbei; auch in Ghimbav (Weidenbach), unweit von der Nationalstraße, und in Vulcan (Wolkendorf) sowie Cristian (Neustadt), sind derartige Befestigungsanlagen zu sehen. Nach 66 km ist man in *Brașov/Kronstadt* (s. S. 30).

Man verläßt *Brașov/Kronstadt* zunächst zu einem kleinen Abstecher nach Nordosten auf der Nationalstraße *N 11* und erreicht, kurz nach der Abzweigung nach links (nach *Sf. Gheorghe*), die Gemeinde

Hărman/Honigberg, 11 km. Hier steht die erste der vielen Kirchenburgen (darin: Marienkapelle mit gotischen Fresken). Die romanische Kirche (13. Jh.) wurde später gotisch ausgebaut. *Honigberg*, wo noch heute viele Deutsche leben, ist ein landwirtschaftlicher Musterbetrieb.

Wenn man nach Süden zurückkehrt, die Nationalstraße *N 11* überquert, so kommt man nach 8 km nach

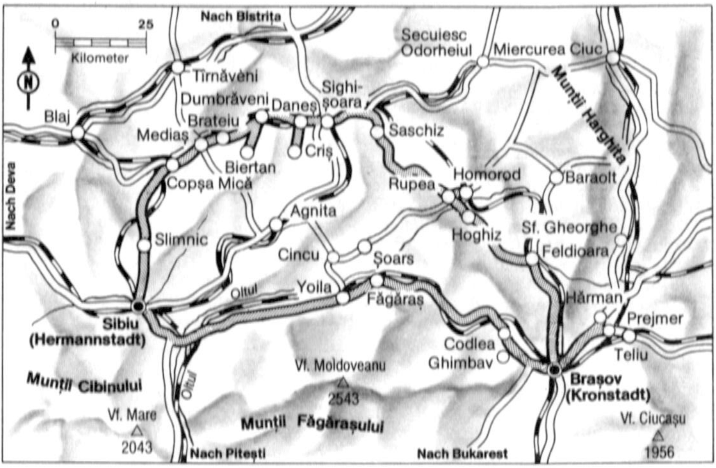

Prejmer/Tartlau, wo eine vom *Deutschen Ritterorden* gebaute Wehranlage mit einer gotischen Kirche (15. Jh.) kürzlich restauriert wurde. Die *Tartlau-Burg* ist ein typisches Beispiel für die Festungsanlagen, die von den Ordensrittern angelegt und später von den Bauern ausgebaut wurden.

Man fährt nach *Brașov/Kronstadt* auf der *N 11* zurück und wendet sich auf die Nationalstraße *N 13*. In

Feldioara/Marienburg 206 km, trifft man auf eine weitere Burg der Ordensritter, deren Bau 1211 begonnen wurde und die für die berühmte *Marienburg* in *Ostpreußen* das Vorbild gewesen sein soll. Nachdem der Orden unter seinem Großmeister *Hermann von Salza* 1225 das Land verlassen hatte, verfiel die Marienburg. Die rumänischen Behörden beginnen jetzt mit der Rekonstruktion.

In *Hoghiz*, 239 km, und in *Rupea/Reps* (⛺) sieht man auf Hügeln neben der Straße zwei weitere Wehrburgen. Die *Repser Burg* war, wie viele der Bauernburgen, eine sogenannte Fluchtburg. Dorthin zog sich die ganze Bevölkerung des Ortes mit Vieh und Habe bei feindlichen Angriffen zurück. In den Fluchtburgen (eine solche steht auch in *Rîșnov/Rosenau*, s.S. 31) gab es einen Brunnen, eine Kirche, eine Schule und Stallungen.

Von *Rupea* lohnt sich ein kleiner Abstecher nach Osten in das nur 4 km entfernte *Homorod/Hameruden*, wo die Reste einer alten Kirchenburg die reizvolle Landschaft des Vorkarpaten-Berglandes zieren.

In *Saschiz*, 281 km, begegnet man an der Nationalstraße *13* einer sächsischen Burg mit einer gotischen Kirche aus dem 15. Jahrhundert. Man erreicht nun

Sighișoara/Schäßburg (425 m; 30000 Einw.), 302 km, eine Stadt unter Denkmalschutz, von der schon vor Generationen gesagt wurde, sie sei das „siebenbürgische Dinkelsbühl".

In der Mitte der Stadt erhebt sich die *Burg*, die besterhaltene Festung Siebenbürgens. Auf den Trümmern eines römischen *Castrum* wurde die *Burg* im 12. und 13. Jahrhundert gebaut. Der erste urkundliche Nachweis des Baus geht bis 1191 zurück. Im Mittelalter zählte die stark befestigte Mauer 16 Wehrtürme, von denen jeder von einer Zunft erhalten und verteidigt wurde. Ihren heutigen Namen erhielt die Stadt gegen Mitte des 15. Jahrhunderts. Die Handwerker, Kaufleute und Patrizier des mittelalterlichen *Schäßburg* waren Deutsche. Heute ist der deutsche Anteil der Bevölkerung immer noch spürbar.

Schäßburg: Stundturm

Im 15. bis 17. Jahrhundert trat in *Schäßburg* der *Siebenbürgische Landtag* zusammen. 1848 war die Ebene von *Albești/Weißkircher Au* (5 km östlich der Stadt) Schauplatz der Kämpfe zwischen dem Revolutionsheer und den habsburgischen Truppen, wo der große ungarische Dichter, *Sandor Petöfi*, den Tod fand.

Von vielen Sehenswürdigkeiten sollte zuerst der *Stundturm* (64 m; 14. Jh.) besichtigt werden, in dem sich ein *Museum* befindet. Am Turm ist eine Uhr mit Figurenwerk angebracht, das Wochentage und Stunden anzeigt. Im Museum sieht man die älteste Apotheke auf rumänischem Boden, die berühmte *Offizin* des Apothekers *Andreas Bertram* (1636) mit vielerlei Kuriosa und seltsamen medizinischen Instrumenten. Im Stundturm werden ferner Ausgrabungen aus der Daker- und Römerzeit, Dokumente aus dem Mittelalter und von der Besiedlung des Landes durch die „Sachsen" (frühes 13. Jh.) gezeigt.

Neben dem Stundturm steht die Kirche (13. Jh.) des ehemaligen Dominikanerklosters mit einer Sammlung von 35 orientalischen Teppichen aus dem Mittelalter. Auf der *Schülertreppe* (1642) mit ihren 175 Stufen steigt man zur Kuppe des *Burgbergs* hinauf.

Am Ende der Treppe steht die *Bergschule* (1607–08) und daneben die

Bistritz: Laubengang

spätgotische *Bergkirche* (1345). Dort gehören zu den besten Ausstellungsstükken mehrere Grabplatten (17./18. Jh.) und die Zunftfahnen, die die Verteidiger der Stadt in der Kirche aufbewahrten. Von der *Bergkirche* aus kann man alle neun Burgtürme sehen, die von den ursprünglichen 16 Türmen heute noch stehen.

Es sind dies, nach den Namen der Zünfte, der *Fleischer-*, *Weber-*, *Schneider-* und *Schmiedeturm* usw., jeder in seiner eigenen Bauart (sechseckiger, kreisförmiger, quadratischer Grundriß, ein- oder doppelreihige Mauerzinnen mit Nischen oder Rundgängen für die Wache).

Braşov/Kronstadt, Mediaş/Mediasch.

Braşov/Kronstadt, Mediaş/Mediasch, Tîrgu Mureş.

„Steaua", Bld. Gh. Gh.-Dej 12. – ⛺.

Von *Sighişoara/Schäßburg* wendet man sich nach Westen und kommt auf der Nationalstraße *N 14* nach *Daneş/Dunnesdorf*, mit seiner Bauernkirche aus dem 14. Jahrhundert. Hier steht neben der Kirche der „Speckturm", in dem man bei Belagerungen die Vorräte unterbrachte.

Es lohnt ein kleiner Abstecher nach links in das Dörfchen *Malancray/Malmkrog*, wo in einer Kirche schöne Wandmalereien zu sehen sind. Zurück auf der *N 14* biegt man nach einigen Kilometern erneut nach links ab, um in

Biertan/Birthälm die schönste Kirchenburg Rumäniens zu besichtigen. Mit drei Wehrmauern, sechs Türmen und drei Toren unterscheidet sie sich in keiner Weise von einem mittelalterlichen Schloßbau. Sie liegt auf einer steilen Anhöhe und bietet einen ausgezeichneten Rundblick auf die Umgebung mit den Weinbergen an der *Tîrnava Mare* (*Große Kokel*). Im Burgbereich befindet sich eine turmlose spätgotische Kirche. – In

Mediaş/Mediasch (300 m; 60000 Einw.), 357 km, trifft man wiederum auf eine Kirchenburg mit spätgotischer Kirche, in der noch heute deutscher evangelischer Gottesdienst gehalten wird. Teile der im 13. Jahrhundert entstandenen Festung sind noch gut erhalten. Schon seit dem 16. Jahrhundert wird in dieser Gegend Weinbau betrieben. 1549 nahm *Mediasch* die Rebe in das Stadtwappen.

Sighişoara/Schäßburg, Sibiu/Hermannstadt.

Sighişoara/Schäßburg, Sibiu/Hermannstadt.

„Central", Str. Rosmarin.

„Transilvania", Str. 8 Mai 22.

Auf der Nationalstraße *N 14* weiter nach Westen teilt sich die Fahrbahn hinter dem Industrieort *Copşa Mică*, 385 km, in die *N 14* und die Straße *N 14 B*. Man hält sich links – auf der *N 14* – , biegt damit nach Süden ab und erreicht

Slimnic/Stolzenburg, 414 km. Hier erblickt man inmitten von Weingärten eine aus dem 14. Jahrhundert stammende Wehrburg. Die einst sehr ausgedehnte Verteidigungsanlage ist nur noch im Kern zu sehen. Neben der Kirche steht auch hier ein „Speckturm". – In *Slimnic/Stolzenburg* kann man eine der schönsten alten siebenbürgisch-sächsischen Volkstrachten sehen.

Von hier aus sind es nur noch 16 km bis zum Ausgangspunkt *Sibiu*.

In *Nordsiebenbürgen* liegt ein weiteres Zentrum der deutschsprachigen Bevölkerung Rumäniens: die Gegend um *Bistriţa/Bistritz*. Man erreicht es von *Cluj/Klausenburg* über *Dej* (insgesamt 134 km) oder von *Schäßburg* über *Tîrgu Mureş* (142 km). Auch dort wächst guter Wein, vor allem in der Nähe des Ortes *Năsăud*.

In *Bistriţa/Bistritz* ist eine im 16. Jahrhundert erbaute gotische Kirche mit einem 70 m hohen Turm sehenswert. Im *Heimatmuseum* sind Dokumente und Funde aus der Vergangenheit der Stadt (heute 32000 Einw.) gesammelt.

„Coroana de aur". – ⛺ am Bistriţa-Fluß.

Route 4: Braşov – Ploieşti – Bukarest (170 km)

Man verläßt die „Hauptstadt der Karpaten" auf der *N 1/E 15* und klettert in vielen Serpentinen auf der hervorragend ausgebauten Straße in die Berge des *Bucegi-Massivs*.

Nach 21 km zweigt eine kleine Straße nach rechts ab zum Ferienzentrum *Timişul de sus*. Das erstklassige Hotel „Timiş" mit eigenem Swimmingpool, Kegelbahn, Kino und verschiedenen Clubräumen ist als Wintersportdomizil sehr beliebt. Nur 4 km weiter kommt man in einen der bekanntesten Wintersportorte des Landes, nach

Predeal (1100 m; 7000 Einw.), 25 km, der höchsten Stelle zwischen den bewaldeten Tälern des *Prahova-Flusses* (im Süden) und des *Timiş-Flusses* (im Norden). *Predeal* ist zugleich auch die Wasserscheide des Karpaten-Hauptkamms. Von den Gipfeln des *Bucegi-*, des *Postăvarul-* und des *Piatra-Mare-Massivs* umgeben, ist *Predeal* einer der schönsten Luftkurorte von Rumänien. Skipisten in *Predeal* selbst und Übungswiesen auf dem *Cioplea* und dem *Fetifoiul* sind besonders für Anfänger im Skilauf geeignet.

Erfahrene Läufer können die Wettkampfpisten von *Clăbucetul Taurului* (2200 m lang und etwa 500 m Höhenunterschied) sowie die Langlaufstrecke von *Valea Puristoacei* benützen.

Auch in *Predeal* geben Hotels und das Touristenamt nähere Auskünfte über die jeweiligen Wintersportmöglichkeiten (Schneelage, Skilifte usw.).

Die reizvolle Umgebung bietet im Sommer und Winter viele Ausflüge. So kann man zur *Trei-Brazi-Hütte* in 60 und zur *Poiana-Secuilor-Hütte* in 80 Minuten wandern. Drei bis vier Stunden ist man zur Schutzhütte *Clăbucet-Plecare* (1456 m) unterwegs. Über die 8 km entfernte *Pîrîul-Rece-Hütte* gelangt man nach *Rîşnov/Rosenau* und zum *Schloß Bran* (s. S. 11).

An der Strecke Bukarest–Braşov/Kronstadt.

Braşov/Kronstadt, Sinaia, Pîrîul-Rece-Hütte.

„Rozmarin", „Predeal". – „Carmen", „Clăbucet-Plecare", „Clăbucet-Sosire", „Trei Brazi".

Hier trifft man auf den Fluß *Prahova*, der dem Tal seinen Namen gab und die Straße bis *Cîmpina* begleitet.

Der kleine „Bierort" *Azuga*, beherbergt eine der größten Brauereien des Landes. Nun geht es leicht abwärts durch *Buşteni*, 40 km, das den Namen „Tor der Karpaten" trägt, und ein Ausgangspunkt für Ausflüge und Touren in das Gebirge ist. – zur Schutzhütte.

„Caraimann", Bld. Libertăţii 38.

Weiter nach Süden erreicht man bald die „Perle der Karpaten"

Sinaia (880 m; 13000 Einw.), 43 km. Seinen Namen verdankt der Ort vermutlich dem 1695 von *Mihail Cantacucuzino* gestifteten *Sinaia-Kloster*. Abgesehen von den ausgezeichneten Wintersportmöglichkeiten ist ein Aufenthalt in Sinaia auch im Sommer angenehm. Das im schon erwähnten Brîncoveanu-Stil erbaute Kloster mit zwei Kirchen beherbergt ein interessantes Museum religiöser Kultgegenstände.

Eine besondere Sehenswürdigkeit ist das *Schloß Peleş* im Wald bei Sinaia (etwa eine halbe Stunde Fußweg). Es ist das 1873 bis 1883 von König *Carol I.* gebaute Sommerschloß, das im Stil der *Hohenzollernburg* bei *Hechingen*

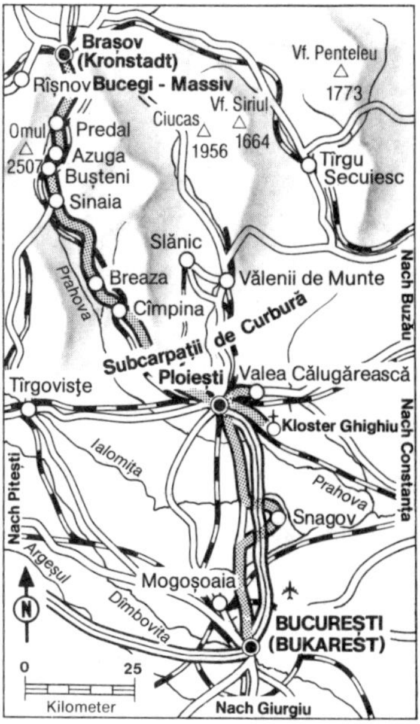

Schloß Peleş

(süddeutsche Renaissance) errichtet und von 1896 bis 1914 umgebaut und ergänzt wurde. *Carol I.*, ein *Hohenzoller*, brachte sich mit diesem Schloß ein Stück Heimat nach Rumänien.

Heute ist das Schloß Kunstmuseum mit Waffen-, Teppich-, Gemälde- und Möbelsammlungen Carols I. 160 Räume sind verschieden möbliert und geschmückt. Besonders interessant ist der große Waffensaal mit deutschen Rüstungen aus dem 15./16. Jahrhundert. Gegenwärtig ist das Schloß nicht zu besichtigen.

🚂 An der Strecke Bukarest–Braşov/Kronstadt.

🚌 Predeal, Ploieşti.

🚡 Vom Hotel „Alpin" in das Gebirge bis in 2000 m Höhe auf das Bucegi-Plateau.

🏨 „Palas", Strada 30 Decembrie 6; „Alpin", Cota 1400 (dieses Hotel liegt in 1400 m Höhe oberhalb von Sinaia).
⛺ DN 1, km 122.

Ausflüge in das Bucegi-Gebirge

In den großen Hotels und bei den örtlichen Büros des Rumänischen Touristenamtes liegen Karten mit den Wanderwegen und den Bergsteigertouren aus. Hier kann man auch Näheres über den Wintersportbetrieb erfahren.

Von den zahlreichen Bergtouren, die allein von Sinaia aus in das *Bucegi-Massiv* gemacht werden können, seien hier einige genannt (solche Touren sind auch von *Predeal* aus möglich):

1. Leicht zu erreichende Wanderziele sind die Schutzhütte am „Piscul Cîinelui" (45 Min. Gehweg), 1100 m, und die Schutzhütte „Poiana Stînei" (90 Min.), 1250 m.

2. Einen 4 bis 5 Stunden dauernden Ausflug kann man vom „Alpin"-Hotel (1400 m) über die Schutzhütte „Poiana Stînei" zur *Piatra-Arsă-Hütte* (1850 m) unternehmen. Von dort sind es dann nochmals 5 bis 6 Stunden Weg bis zum *Omul-Gipfel* (2511 m), der höchsten Erhebung im *Bucegi-Gebirge*.

3. Für Bergsteiger bietet das Massiv zahlreiche Gebirgspfade verschiedener Schwierigkeitsgrade: von leichten (*Valea Albă, Brîul Mare, Coştila*) bis zu den schwierigsten (*Valea Albastră*) mit einem Schwierigkeitsgrad über 6.

Für Skiläufer gibt es markierte Pisten und Rennpisten. Leichte Strecken (*Calea Codrului* 1150 m) wechseln mit mittelschweren (*Poiana Stînei* 1250 m) und schweren (*Babele* 2100 m) ab.

Von Sinaia führt die Straße in kühnen Kurven und Kehren hinab in die Ebene.

Das Dörfchen *Breaza*, 67 km, das rechts von der Straße liegt, ist wegen seiner handgefertigten Teppicharbeiten bekannt. Einige hübsche Häuser in typisch rumänischem Baustil verschönern das Ortsbild. Kurz vor *Cîmpina*, 77 km, verläßt man nun endgültig das *Prahova-Tal*. Cîmpina bleibt links liegen. Fährt man jedoch in den Ort hinein, so sieht man am Ortseingang auf der linken Seite das Gedenkmuseum für den bedeutenden rumänischen Maler *Nicolae Grigorescu* (1838–1907) und rechts das Museum für den Literaten und Wissen-

Hotel Alpin

schaftler *Bodgan P. Hasdeu* (1836–1907). Die Bohrtürme und Ölfelder künden vom Reichtum des Städtchens.

🏨 „Muntenia", Str. 23 August 55.

Damit hat man nun die Karpaten verlassen und fährt auf schnurgerader Straße durch flaches Gelände in das bedeutendste Erdölzentrum des Landes, nach

Ploiești (221 000 Einw.), 110 km. Eine Ringstraße ermöglicht es, das Stadtzentrum zu umgehen; ein Besuch lohnt sich jedoch.

In den Handelsakten deutscher Kaufleute aus *Brașov/Kronstadt* wurde Ploiești zum erstenmal im 16. Jahrhundert als neuer Marktflecken erwähnt. Schon 150 Jahre später war es die zweitgrößte Stadt des Landes.

Im vergangenen und zu Beginn dieses Jahrhunderts hat sich Ploiești rasch zum wichtigsten Erdölgebiet Europas entwickelt. Heute werden in ganz Rumänien über 13 Mill. t Erdöl im Jahr gefördert, der größte Teil davon kommt aus dem Gebiet um Ploiești. Im Zweiten Weltkrieg wurde die Stadt stark zerstört. Die erste Ölraffinerie bei Ploiești begann schon 1856 zu arbeiten. Noch heute lebt die ganze Stadt vom Öl, und ihre Silhouette wird von Bohrtürmen und Raffinerien bestimmt.

Man beginnt den Rundgang im leicht zu erreichenden Stadtzentrum, auf dem „Platz des 16. Februar". Neben dem Kino „Ploiești" führt eine kleine Gasse zum *Ion-Luca-Caragiale-Haus*, das als Museum für den Dichter eingerichtet ist. Zwei Straßen weiter nördlich liegt in der *Strada Krupskaia* der weitläufige „Kulturpalast", in welchem zahlreiche Museen, Ausstellungen und Büchereien untergebracht sind. Das *Museum der Schönen Künste* in diesem Haus besitzt eine Reihe wichtiger Werke namhafter rumänischer Maler (*N. Grigorescu*, *Șt. Luchian*, *T. Aman*). Vor dem Gebäude steht die „Freiheitsstatue", eine bronzene *Minerva* aus dem Jahr 1879.

Vom *Platz des 16. Februar* macht man einen kleinen Spaziergang nach rechts, wo man auf die *Strada Democrației* stößt, an der das „Hagi-Prodan-Haus" liegt. In typisch rumänischem Stil gebaut, ist es das älteste Haus von Ploiești. Es ist heute als kleines Museum hergerichtet. In der Nachbarschaft, *Strada Nicolae Bălcescu 25*, befindet sich das *Regionalmuseum für Geschichte* und nur ein paar Schritte weiter, in der *Strada Dr. Bagdasar 10*, das interessante *Ölmuseum*.

Nun fährt man vom *Platz des 16. Februar* den baumbestandenen *Bulevardul Independenței* entlang und sieht gleich rechts die 1831 erbaute Kirche *St. Gheorghe Vechi* und etwas weiter ein Denkmal des Lustspielautors *Caragiale*. Vorbei an einer der großen Raffinerien und einer Fabrik für Erdölabbaumaschinen überquert man die Bahngleise und läßt die Stadt hinter sich.

Bevor man aber endgültig auf der *N 1* die Richtung nach Bukarest einschlägt, kann man von der Ringstraße, die man

„Babele"

nun wieder befährt, nach links in die *Ghighiului/Șoseaua* einbiegen und einen knapp 6 km langen Abstecher zum anmutigen Kloster *Ghighiu* (19. Jh.) machen. Die in schattigem Park gelegene Kirche ist Grabstätte rumänischer Soldaten aus dem Ersten Weltkrieg.

Ein weiterer Ausflug führt von Ploiești über die Nationalstraße *N 1 B* in Richtung *Buzău* nach Osten, in das nur 15 km entfernte *Bucov-Tal*, wo die lieblichen Weingärten von *Valea Călugărească* einen ausgezeichneten Wein liefern.

Auf der zum Teil vierspurig ausgebauten *N 1* sind es nur noch 60 km bis nach *Bukarest*, 170 km. Unterwegs passiert man das Erholungszentrum *Snagov* (S. 29) und fährt auf der *Bucuresti-Ploiești-Șoseaua* am internationalen Flughafen *Otopeni* und dem gleichnamigen bekannten Sanatorium vorbei in die Hauptstadt. Vor dem Inlandflughafen *Băneasa*, den man auf der linken Seite sieht, zweigt eine Straße ab in den *Băneasa-Wald*.

Über die *Șoseaua Kisseleff* erreicht man in wenigen Minuten das Zentrum.

Route 5: Sibiu – Olt-Tal – Rîmnicu Vîlcea – Piteşti – Bukarest (271 km)

Die *N 1* führt aus *Sibiu* heraus in Richtung *Braşov*. 14 km hinter der Stadt zweigt man nach rechts in das *Olt-Tal* ab. Der Fluß führt bis nach *Rîmnicu Vîlcea* neben der Straße her. Man durchfährt die Flußenge, die bei der alten Paßwehr *Turnu Spart* (14. Jh.) endet, beim Schloß *Turnu Roşu* und sieht auf der rechten Seite das Dorf *Cîineni*, wo man Spuren eines römischen Lagers findet.

Das Kloster *Cornetu*, eine Stiftung des Woiwoden *Radu Leon* aus dem 17. Jahrhundert, ist mit schönen Wandmalereien ausgestattet, die 1960 restauriert wurden.

Der zweite Engpaß, die *Olt-Klamm*, zwischen *Făgăraş-Gebirge* und *Lotru-Gebirge*, öffnet den Weg zum Kloster *Cozia*, 67 km, das direkt am Flußufer gelegen ist. Der Gründer des Klosters, *Mircea der Alte*, liegt in dem in byzantinischem Stil erbauten Kloster auch begraben. Ein kleines Museum beherbergt alte Kultgegenstände. Auf einer Anhöhe steht rechts die *Bolniţei-Kirche* die 1542 von *Radu Paisie* errichtet wurde und deren Wandmalereien und ungewöhnliche Proportionen auffallen. – ⛺.

Nur 15 km weiter erreicht man den bekannten Kur- und Badeort

Călimaneşti-Căciulata, 90 km, am Austritt aus der *Cozia-Paßenge* (280 m). Das Bad verfügt über heilbringende Mineralwasserquellen, die u.a. bei Erkrankungen des Verdauungsapparates und Nierenerkrankungen angewendet werden.

„Motel Cozia“.

Nach etwa 18 km durch sonnenbegünstigte Weinberge, auf denen der gute *Drăgăşani-Wein* wächst, trennt man sich in

Rîmnicu Vîlcea (40000 Einw.), 100 km, vom *Olt*. Im 14. Jahrhundert war es Handelsplatz und zeitweilig Residenz von *Mircea dem Alten*. Es liegt auf den Terrassen des rechten Olt-Ufers und ist eine Gartenstadt. Der *Zăvoi-Park* ist der Landschaft besonders hübsch angepaßt. Das Haus des Schriftstellers *Anton Pann* ist im traditionellen rumänischen Baustil errichtet. Am Rand der Stadt steht das *Kloster Cetăţuia* (17. Jh.), das einst als Wacht- und Verteidigungsfeste gedient hat.

Von *Rîmnicu Vîlcea* führt eine 19 km lange Autostraße nach links in die Berge zum *Bad* (*Băile*) *Olăneşti* mit bekannten Schwefelquellen.

Man macht einen zweiten Abstecher nach Westen auf der *N 67*. Nach etwa 20 km führt die erste Abzweigung zum Heilbad *Govora* und den drei Klöstern *Govora*, *Surpatele* und *Mănastirea dintr – un – lemn*. Der Badeort *Govora* liegt sehr windgeschützt. Die jod- und natriumchloridhaltigen Quellen und der Heilschlamm begründen den guten Ruf der Heilstätte bei Behandlung von Erkrankungen der Gliedmaße, der

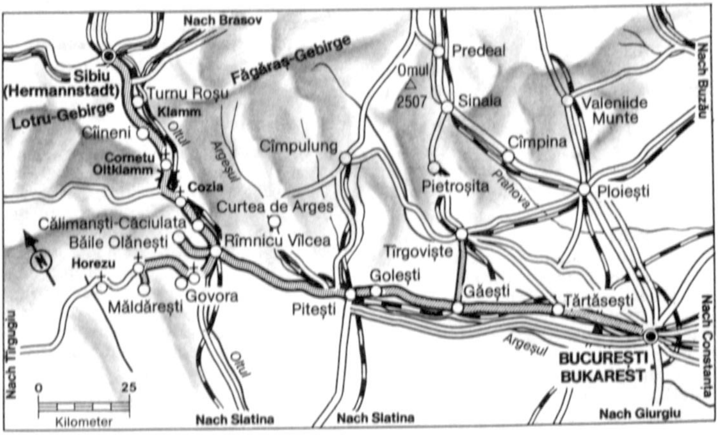

Atmungsorgane und des peripheren Nervensystems.

Das gleichnamige Kloster in der Nähe des Kurortes, wurde vom Woiwoden der Walachei, *Radu dem Großen*, gestiftet. Die Innenmalereien stammen aus dem 17. Jahrhundert. Der Woiwode *Brîncoveanu*, der die Malereien vornehmen ließ, gab einer in dieser Zeit entwickelten Kunstrichtung, dem *Brîncoveanu-Stil*, seinen Namen. Eines der typischsten Denkmäler dieses Kunststils findet man nur 25 km weiter im Kloster *Horezu*.

Bevor man das Kloster erreicht, kann man noch einmal von der Hauptstraße abzweigen und entdeckt mitten im Wald zwei weitere Klöster: *Bistrița*, dessen Grundstein 1498 gelegt wurde und eine Stiftung des Fürsten *Matei Basarab*. Von hier aus kann man durch das *Bistrița-Tal* wandern, in das Massiv *Buila Vînturaița*, auf den *Muntele Alb*, den „weißen Berg" oder zur *Cetațea Misterioasa*, „der geheimnisvollen Burg", hinaufklettern.

Zurück auf der *N 67* fährt man zum

Kloster Horezu (56 km von Rîmnicu Vîlcea) das 4 km von der *N 67* entfernt, rechts im Wald gelegen ist. Das Meisterwerk mittelalterlicher rumänischer Baukunst bringt die gesamte Kraft und Originalität der Brîncoveanu-Epoche zum Ausdruck. Es ist eines der besterhaltenen Denkmäler des 17. Jahrhunderts. Neben der klassischen Klosterkirche befindet sich in dem zur Gemeinde *Horezu* gehörenden Dorf *Olari* ein bekanntes Zentrum für rumänische Keramikkunst. Die Anfänge dieses Handwerks gehen bis zum Beginn unserer Zeitrechnung zurück. Reiche Blumenornamentationen mit einfachen harmonisch angeordneten Motiven, äußerst feine Spinngewebe, Spiral- und Schneckenmuster sind einige charakteristische Merkmale der leicht erkennbaren *Horezu-Keramik*.

ⴰⴰ „Horezu-Motel".

Wieder auf der *N 67* fährt man noch ein paar km nach Westen, um dann erneut nach links abzubiegen zur *Măgura Slatioarei*, einer Hügelkette, die von den „Cule" von *Măldăresti* beherrscht wird. „Cula" ist die Bezeichnung für ein befestigtes Bauernhaus mit dicken Mauern und schießschartenähnlichen Fenstern. Die „Cule" dienten im Mittelalter als Schutz gegen die Raubzüge fremder Eindringlinge, vor allem der Türken. Im Dorf Măldărești (8 km von Horezu) findet man die typischsten Bauten dieser Art.

Kloster Horezu

Man kehrt zurück nach *Rîmnicu Vîlcea* und fährt parallel zum Südrand der Karpaten nach *Pitești*, 158 km (s. Route 1, S. 34), und von dort aus weiter nach *Găești*, 192 km. Man kann dort nach links abbiegen und einen lohnenden Abstecher in die Hauptstadt des Kreises *Dîmbovita*, nach

Tîrgoviște, machen (65000 Einw.). Die Stadt ist wie *Ploiești* ein bedeutendes Erdölzentrum des Landes. Vom 14. bis 16. Jahrhundert war *Tîrgoviște* die Hauptstadt der Walachei mit der Residenz des Landesfürsten.

Die Ruinen des einstigen Fürstenpalastes, den die Türken 1655 völlig zerstörten und der während der *Brîncoveanu-Epoche* wieder renoviert wurde, zählen zu den eindrucksvollsten Sehenswürdigkeiten der Stadt. Von den Zinnen des Wachturms ergibt sich ein weiter Rundblick. Sehenswert ist auch die ehemalige Palastkirche *Biserica Domeasa*, die im 16. Jahrhundert vom Fürsten *Petru Cercel* erbaut wurde. Im 17. Jahrhundert erneuert, gab ihr Fürst *Brîncoveanu* 1699 eine originelle Ausgestaltung. Sie ist eines der schönsten Beispiele der byzantinischen Kirchen walachischer Prägung in Rumänien.

Ein interessanter Ausflug führt zum Bergkloster *Mănăstirea Dealului* vor den Toren der Stadt.

ⴰⴰ „Dîmbovița", Str. Libertății 1.

ⴰ „Bulevard", Str. Alexandra Ion Cuza.

Man kehrt zur Hauptstraße zurück und fährt weiter nach *Bukarest*, 271 km.

Route 6: Bukarest – Constanța/Konstanza (265/272 km)

Innerhalb dieser Route werden zwei verschiedene, etwa gleich lange Wege von *Bukarest* nach *Constanța/Konstanza* beschrieben.

A: ÜBER SLOBOZIA

Es bieten sich zwei Möglichkeiten, von Bukarest aus auf die *N 2/E 15* Richtung *Slobozia* zu gelangen. Man kann die Stadt nach Nordosten auf der *Șoseaua Colentina* verlassen oder auf der *N 1* in Richtung *Brașov* fahren.

Kurz hinter dem Flughafen Băneasa zweigt man dann nach rechts ab und erreicht auf gut beschilderter Straße ebenfalls die *N 2*, der man bis *Urziceni* (57 km; ⛺) folgt. Dort biegt man rechts in die Nationalstraße *N 2A/E* 15 ein. Die Landschaft ist hier flach und eintönig. Auf gut asphaltierten Straßen kommt man an zahlreichen Staatsgütern und Kollektivwirtschaften vorbei. Von *Urziceni* verläuft die Straße nach Osten, am *Jalomita-Fluß* entlang nach

Slobozia (13400 Einw.), 119 km, eine der wenigen größeren Ortschaften in der sogenannten *Bărăgan-Ebene*. In der Flußniederung geht es nach

Giurgeni, 170 km, und zur neuerbauten Brücke, die den Ort mit *Vadu Oii* auf dem jenseitigen Flußufer verbindet. Neben diesem Bau gibt es gegenwärtig in Rumänien noch zwei Brücken über die Donau: bei *Giurgiu* (🏨 „Victoria"; – ⛺; Eisenbahn und Kraftfahrzeuge in Richtung *Bulgarien*) und bei *Cernavodă* (Eisenbahn) ans *Schwarze Meer*.

Vor ihrer Fertigstellung hatten ausschließlich die Motorfähren von *Giurgeni* den Verkehr über den Fluß geführt.

Am anderen Ufer geht die Fahrt weiter nach

Hîrșova, 182 km, einem seit der Römerzeit (*Castrum Carcium*) befestigten Platz. Der Ort ist Zentrum der Fischverarbeitung und Anlegestelle der Flußschiffahrt. Sehenswert ist eine russisch-orthodoxe Kirche, die von der *Lipowener-Sekte* gegründet wurde.

Von *Hirșova* wendet sich die Straße nach Südosten und durchquert nun die *Dobrudscha*, ein baumloses Hügelland mit wenigen Ortschaften und weiten Feldern. Man passiert den Flughafen von *Constanța* in *Mihail Kogălniceanu* 239 km, und erreicht kurz vor der Küste *Ovidiu*, 252 km. Gleich hinter dem Ort sieht man links die Hotels von *Mamaia* und erreicht nun Constanța/Konstanza, 265 km, siehe Seite 51.

B: ÜBER CĂLĂRAȘI

Der andere Weg führt von *Bukarest* direkt nach Osten über die *Șoseaua Verghului* auf die Nationalstraße *N 3*. Auch hier geht die Fahrt durch fast baumlose Ebene. Bei *Călărași*, 127 km, erreicht man die

Donaufähre, die jedoch am Tag meist nur zweimal verkehrt. Auskünfte über diesen Fährverkehr erlangt man in Bukarest beim Touristenamt. Die Überfahrt nach *Ostrov* dauert eine bis eineinhalb Stunden, weil die Donau dort sehr breit und in viele Arme geteilt ist. Hinter *Ostrov* führt die Straße *N 3* dann durch das reizvolle Bergland der *Dobrudscha*. Man kommt in *Adamclisi*, 208 km, an den Ausgrabungen aus der Römerzeit vorbei und erreicht über die Weinbaugebiete von *Murfatlar*, die Straße *N 22 A*; auf dieser kommt man entlang der Eisenbahn nach Constanța/Konstanza, 272 km, siehe Seite 51.

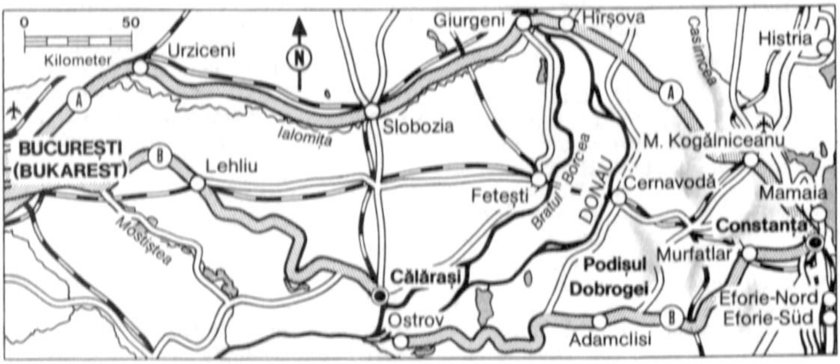

Route 7: Schwarzmeerküste

245 km erstreckt sich die Schwarzmeerküste Rumäniens vom Donaudelta bis zur bulgarischen Grenze. Sie ist der von Touristen am meisten besuchte Teil des Landes. Die Bäderkette von *Mamaia* über *Eforie Nord* und *Süd*, *Costinesti*, *Neptun*, *Jupiter*, *Venus* und *Mangalia* lockt jährlich Hunderttausende sonnenhungriger Urlauber an.

Der Küstenstreifen gehört zur Region Dobrogea/Dobrudscha mit der Hauptstadt Constanța/Konstanza. Die rumänischen Badeorte beginnen im Süden an der bulgarischen Grenze und enden nördlich von Mamaia, nur wenige Kilometer von Konstanza entfernt. Unmittelbar hinter der Meeresküste reiht sich eine Kette von Binnenseen aneinander, und dahinter erstreckt sich eine wellige und nahezu baumlose Landschaft, eine der Kornkammern Rumäniens. Alle Seebäder sind seit etwa 1960 modernisiert und großzügig ausgebaut worden. Der in Nordsüdrichtung verlaufende Strand ist den ganzen Tag der Sonne ausgesetzt. Die Durchschnittstemperatur der Luft beträgt im Sommer 22°C, die des Meerwassers 20 bis 22°C.

Man erreicht die Schwarzmeerküste in Direktflügen nach Konstanza (Flughafen Mihail Kogălniceanu) oder mit dem Wagen von Bukarest aus, mit der Eisenbahn über Bukarest oder mit dem Schiff vom Mittelmeer her. Am bequemsten ist der Flug, der bei Gruppenreisen direkt, sonst über Bukarest durchgeführt wird. An der Küste selbst bestehen zwischen den Badeorten preiswerte und schnelle Autobusverbindungen.

Man beginne eine kurze Informationsreise im nördlichsten und traditionsreichsten Seebad Rumäniens, in

Mamaia, das auf einer schmalen Nehrung zwischen Meer und *Siutghiol-See* gelegen ist. Am über 6 km langen Meeresstrand reihen sich mehr als 50 Hotels, Bungalows- und Ferienhaussiedlungen. Spezialitätenrestaurants, Einkaufszentren, Nachtlokale, Sportanlagen etc. stehen den Touristen zur Verfügung. Eine besondere Attraktion ist das Gaststättendorf mit 28 Bauerngaststätten, die Spezialitäten aus allen Gegenden des Landes anbieten.

In Mamaia ist auch der Sitz des Rumänischen Rundfunks „Radio Vacanta“, der während der Touristensaison täglich u.a. nützliche Urlaubsinformationen, auch in deutscher Sprache, sendet.

In den letzten Jahren schossen neue Hotelanlagen und Touristenkomplexe wie Pilze aus dem Boden. Eine komplette Liste erhält man beim rumänischen Touristenamt.

Restaurants: „Orient“, „Miorița“, „Hanul Piraților“, „Insula Ovidiu“, „Delta“, „Meridian“, „Bucuresti“.

Nachtclubs: „Melody-Bar“, „Black + White“, „Scotch Club“.

⛺ „Perla“, „Hanul Piraților“.

Touristenamt: Hotel București.

Mamaia

Der regelmäßig verkehrende Obus bringt den Besucher in wenigen Minuten nach

Constanța (202000 Einw.), dem größten Hafen Rumäniens. Das archäologische Museum, ein Freilichtmuseum mit Ausgrabungsfunden, die große Moschee mit ihrem 50 m hohen Minarett und das Denkmal des römischen Dichters *Ovid*, der in Constanța im Exil lebte, sind die Hauptsehenswürdigkeiten der Stadt. Auch das ehemalige Spielkasino und das erst vor kurzem freigelegte Mosaik im Hafen lohnen einen Besuch.

🏨 „Continental“, Bld. Republicii 20; „Palace“, Str. Remus Opreanu 5. Touristenamt: Str. Tomis 69.

Man fährt von Constanța auf der neuen vierspurigen Autobahn nach Süden in das Seebad

Eforie Nord, 14 km, das auch als Heilkurort (Schlammbäder, Geriatriekuren, u.a.) sehr geschätzt wird. Wie auch

Mamaia weist Eforie Nord äußerst günstige klimatische Verhältnisse auf und besitzt die gleichen touristischen Einrichtungen wie das Bad auf der Nehrung. Unmittelbar an Eforie Nord schließt sich *Eforie Süd* an.

🏨🏨 „Agigea“, „Bran“, „Flamingo“, „Gloria“, „Europa“, „Union“, „Riviera“ (alle ⊡); „Nord“, „Vila Mimoza“, „Belvedere“, „Meduza“.

🏨 „Delfinul“. „Steaua de Mare“.
Restaurants: „Faleza“, u.v.a.

Nachtklubs: „Cazino“, „Potcoava de Aur“, „Vraja Mării“.

⛺ „Complex Dunarea“ (Eforie-Nord); „Cosmos“ (Eforie-Süd).

Weiter nach Süden zweigt bald eine Straße nach links ab in das Dorf *Costinești*, das vor allem als Ferienzentrum der rumänischen Jugend bekannt ist. Es besteht zum größten Teil aus preiswerten Bungalows und Campingplätzen, unmittelbar an einem sehr großen, feinsandigen Strand.

Nur wenige Kilometer später künden die riesigen Hotelsilhouetten die neuen Seebäder Rumäniens an. Man biegt nach links ab und erreicht nach etwa 4 km den Badeort

Neptun. Zum Teil erst im Frühjahr 1972 fertiggestellt, laden mehr als 35 Hotels zu unbeschwerten Ferien ein. Auch hier ist für alle nötigen touristischen Annehmlichkeiten gesorgt.

Neptun ist zudem Heilbad für vielerlei Erkrankungen und bietet auch Verjüngungskuren an.

Eine Autoreparaturwerkstatt fehlt ebensowenig wie ein hochmodernes Bowlingzentrum, ein Vergnügungspark für Kinder und eine Reihe von Sportmöglichkeiten.

🏨🏨 „Neptun“, „Belvedere“, „Amfiteatru“, „Panoramic“ (alle ⊡).

🏨 „Doina“, „Miorița“, „Sulina“ (alle ⊡); „Apollo“, „Terra“, „Caraiman“, „Callatis“.
Restaurants: „Calul Bălan“, „Crama Neptun“, „Marea Neagră“, „Dunărea“, „Insula“, „Popasul Căprioarelor“.

Nachtclubs: „Intim-Bar“, u.a.

Durch hübsche Grünanlagen fährt man in den nächsten Ferienort

Jupiter. Gleich bei der Einfahrt sieht man einen großen Campingplatz und ein Bungalowdorf. Hier fallen die einfallsreich angelegten Hotels „Tismana“ und „Cozia“ auf, die sich, im Stil rumänischer Klöster, dicht an zwei Süßwasserseen anschmiegen.

Besonderer Beliebtheit erfreut sich die Nachtbar „Paradies“ mit buntem Varietéprogramm.

„Paradies-Bar“ in Jupiter

Man fährt an dem 13stöckigen „Capitol“ vorbei und erblickt links unmittelbar am Meer einen weiteren neuen Hotelkomplex, „Aurora“, der 1973 in Betrieb genommen wurde.

🏨🏨 „Cozia“, „Scocia“, „Capitol“ (alle ⊡); „Tismana“, „Select“, „Meteor“, „Olimpic“. In *Aurora:* „Diamant“, „Onix“, „Rubin“.

Restaurants: „Meteor“, „Olimpic“, „Delta“, „Orizont“.

Nun sind es nur noch wenige hundert Meter bis zum Bad

Venus. Große Attraktion ist hier die Nachtbar „Calypso“ mit Programm und Tanz bis in den frühen Morgen. Maurische Bungalows wechseln in Venus mit mehrstöckigen Hotels ab.

Venus besitzt auch ein Spezial-Thermalbad mit schwefelhaltigem Wasser.

🏨🏨 „Vulturul“ (⊡); „Pajura“, „Raluca“, „Cocorul“, „Egreta“.

🏨 „Ileana“, „Silvia“ (⊡).
Restaurants: „Aladin“, „Esplanade“, „Orion“.

⛺ „Venus“.

Nach weiterer Fahrt am Strand entlang nimmt die Reihe der neuen Badeortegeneration Rumäniens in

Saturn ein Ende. Die 15 Hotels, einige Bungalowdörfer, ein großer Campingplatz und kleine Ferienhäuser sind in den Jahren 1970/71 angelegt worden. Inzwischen verfügt Saturn über alle nur erdenklichen touristischen Einrichtungen wie auch die übrigen Ferienorte an der rumänischen Schwarzmeerküste.

„Cleopatra“, „Diana“, „Hora“ (alle); „Aida“, „Cupidon“, „Narcis“, „Tosca“, „Semiramis“.

„Prahova“, „Siretul“, „Cerna“, „Balada“, „Atena“. – Zwei Feriendörfer.

Nachtclubs: „Cleopatra-Bar“ u. a.

Von Saturn fährt man wieder auf die Autobahn *N 39* und ist schon nach einem Kilometer in

Mangalia, 44 km, das (im 6. Jh. v. Chr. gegründet) einst *Callatis* hieß. Die Ruinen aus der griechischen Zeit sind sehr sehenswert (Marmorsäulen, Mauer und ein großes Grabmal). Im örtlichen Museum sind Statuen, Urnen, Münzen und Geräte aufbewahrt.

„Scala“, „Astra“, „Zenit“, „Orion“ u.a. – „Zodiac“.

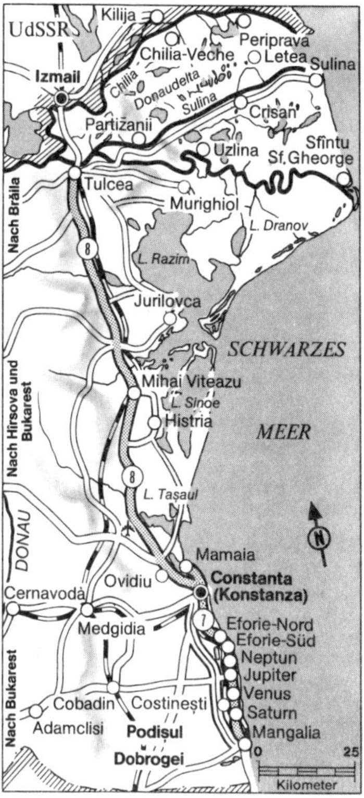

Ruinen in Callatis

Das Rumänische Touristenamt veranstaltet von allen Seebädern aus Ausflüge in das Innere Rumäniens und auch in das Ausland.

Für Touristen werden mit modernen Omnibussen eigene Ausflugslinien befahren. Abfahrt täglich von den Hotels in den Seebädern. Die Ausflüge werden in den Hotels stets vorher bekannt gegeben; vorherige Anmeldung ist zweckmäßig.

Über Einzelheiten wie Abfahrtszeiten und Fahrpreise informiert das Touristenamt.

Die Fahrten müssen in ausländischer Währung bezahlt werden. Fremdenführer, Unterkunft und Verpflegung sind inbegriffen.

Die Fahrten im Inland führen in die Karpaten, das Donaudelta, zu den Moldauklöstern, in die Landeshauptstadt Bukarest, nach Iași und in andere Teile des Landes. Küstenrundfahrten, Weinproben, „Rumänische Abende“ und Besuche der archäologischen Ausgrabungen ergänzen das Angebot.

Schiffs- und Flugreisen nach Istanbul, Kiew, Odessa, Beirut, Athen und Kairo sowie eine Busfahrt an die bulgarische Schwarzmeerküste bilden das Angebot an Exkursionen ins Ausland.

Zwischen allen Seebädern bestehen gute Busverbindungen. In Mamaia und der Bäderkette Neptun, Jupiter, Venus und Saturn sorgt eine lustige „Bimmelbahn“ für angenehme und billige Beförderung.

Route 8: Donaudelta

Der beste Weg zu dem in ganz Europa einzigartigen Naturschutzgebiet des *Donaudeltas* führt von *Constanța* (s. S. 51) über die Nationalstraße *N 22* nach Norden, vorbei an *Histria*, bis nach *Tulcea*, 124 km. Eine Fahrt von *Bukarest* über *Buzău*, 110 km, und *Brăila*, 210 km, ist auch zu empfehlen, weil die 90 km lange Verbindung zwischen Brăila und Tulcea nun asphaltiert wurde. Es ist zweckmäßig, einen Besuch des *Donaudeltas* mit einer Reise an das Schwarze Meer zu verbinden (s. Karte S. 53).

Tulcea (18 m; 43000 Einw.), das „Tor zum Delta", wurde 700 v. Chr. von Griechen aus *Milet* gegründet. Es hat auch den *Phöniziern*, *Römern*, *Genuesen* und *Türken* als Landeplatz gedient. Sehenswert ist der von Säulen umrahmte Hauptplatz und der Hafen.

Von Tulcea führt eine neue gute Straße in das Deltadörfchen *Murighiol* (⛺). Von dort aus kann man mit Ruderbooten in verschiedene Deltaarme fahren. Ortskundige Deltabewohner rudern die Touristen in das Schilfmeer.

Über *Crişan* (🏨 „Lebada"), das man von Tulcea aus nur mit dem Boot erreichen kann, fahren die Schiffe bis zum Hafen *Sulina*, der unmittelbar am Schwarzen Meer liegt. Die Fahrt mit dem Schiff in das dichte Netz von Flußarmen, Kanälen und Seen ist besonders reizvoll.

Donaudelta

Das 430000 Hektar große *Delta* wird im Norden von dem *Chilia-Arm* und im Süden vom *Sf. Gheorghe-Arm* begrenzt. In der Mitte fließt der *Sulina*, auf dem auch Hochseeschiffe bis nach *Brăila* fahren. Zwischen diesen drei Armen dehnen sich weite Schilffelder, Wälder, schwimmende Inseln mit zahllosen seltenen Spezies der Fauna und Flora aus der ganzen Welt. Diese Urlandschaft Europas hat sich ihre Schönheit bis heute bewahrt.

Die Dampfer, Schaluppen und Fischerboote fahren von *Tulcea* aus in das Delta hinein. Das *Touristenamt* ist auf die Vermittlung solcher Fahrten (mit sprachkundigen Führern) vorbereitet und besorgt auch die Unterkunft.

Nach Chilia-Veche

Das Rumänische Touristenamt bietet mehrere Fahrten durch das Delta an, unter anderem eine Schiffsreise auf dem *Chilia-Arm* der Donau zum größten Ort im Delta, *Chilia-Veche*. Der Chilia-Arm ist der wasserreichste der Donaumündung, hat die meisten Windungen, und ist mit über 100 Flußkilometern besonders lang. Er bildet die Grenze zur Sowjetunion.

Die Fischersiedlung *Periprava* und das Dorf *Letea* sind ebenfalls beliebte Ausflugsziele.

Nach Sulina am Meer

Gleichfalls mit dem Schiff kann man von *Tulcea* aus auf dem mittleren Arm der der Donaumündung, dem *Sulina*, nach Osten bis zum Meer fahren. Die Strecke ist 72 Flußkilometer lang und führt in fast gerader Linie bis zum Hafen *Sulina*.

Bei Sulina ergießt sich der Donaustrom ins Schwarze Meer. Der vor mehr als 1000 Jahren gegründete Hafen ist heute eine moderne Kleinstadt mit Badestrand, Fischindustrie und Schiffswerften.

Zum Hafen Sf. Gheorghe

Schließlich ist *Tulcea* noch der Ausgangspunkt für eine Dampferfahrt auf dem dritten Donauarm, dem *Sf. Gheorghe*, zum gleichnamigen Schwarzmeerhafen.

Vorbei an den *Măcin-Bergen*, an mehreren kleinen Orten und großen Pelikankolonien, erreicht man bei Flußkilometer 156 *Sfîntu Gheorghe*, ein kleines Hafenstädtchen mit intensiver Fischzucht und Fischverarbeitungsbetrieben.

Route 9: Braşov – Gh. Gheorghiu-Dej – Bacău – Iaşi – Piatra Neamţ – Bicaz – Gheorgheni – Braşov (753 km)

Dies ist eine Rundfahrt zur Besichtigung der Kunstschätze im Gebiet von Neamţ.

Die Nationalstraße *N 11* führt von *Braşov* in nördlicher Richtung durch eine verhältnismäßig menschenarme Gegend. Die weiten Wälder von *Breţcu* und *Hîrja* lassen wenig Lebensraum. Der Reiz dieser wildromantischen Landschaft wird verstärkt durch das Rauschen des *Oituz-Flusses*, der bis

Gheorghe Gheorghiu-Dej (56000 Einw.), 129 km, neben der Straße entlangströmt. Diese Stadt wurde vollkommen neu aus dem Boden gestampft. *Gheorghe Gheorghiu-Dej* (auf älteren Karten noch als *Oneşti* verzeichnet) liegt 38 km nordwestlich von *Adjud* und existiert eigentlich erst seit 1960. Früher gab es hier weite Maisfelder. Die neue Stadt wurde im Zusammenhang mit der raschen Industrialisierung dieses Gebietes gegründet und wächst von Jahr zu Jahr.

🏨 „Trotuş". - ⛺ in Richtung Braşov.

Nach 44 km endet die *N 11* in

Bacău (161 m), 173 km, einem Fürstensitz aus dem 15. Jahrhundert. Bis 1813 war *Bacău* zugleich auch Sitz eines römisch-katholischen Bistums (zwei Kirchen aus dem 15. Jh.). Heute ist es die Hauptstadt der gleichnamigen Region, die in den 60er Jahren einen großen wirtschaftlichen Aufschwung nahm, seit die Erdöl- und Erdgasvorkommen dieses Gebiets an Ort und Stelle bearbeitet werden.

🚆 Bukarest, Suceava, Iaşi/Jassy.

✈ Bukarest.

🏨 „Bistriţa", Strada Luminei 3. „Decebal", Bld. 6 Martie 2. „Dumbrava", Str. Dumbrava 1. – ⛺.

Von hier aus folgt man dem Lauf der *Siret* nach Norden.

In *Săbăoani*, 224 km, teilt sich die Straße, und man hält sich rechts auf der Nationalstraße *N 28* nach *Tîrgu Frumos*, 248 km. Von dort ist es nicht mehr weit bis nach

Iaşi/Jassy (42 m; 209000 Einw.), 294 km, einer der bedeutendsten Städte Rumäniens und natürlich Hauptstadt des gleichnamigen Kreises. Seit den Tagen *Stephans des Großen* (1457 bis 1504) spielte *Iaşi/Jassy* im politischen und kirchlichen Leben der *Moldau* eine große Rolle. Bis heute ist es Sitz des *Metropoliten*.

Gleich vielen anderen Städten war es einst eine Trutzburg und später eine Raststätte für Handelsleute. Sein Name erscheint zum erstenmal in einer Urkunde *Alexander des Guten* aus dem Jahr 1407. Unter der Herrschaft *Alexandru Lăpuşneanus* wurde 1565 die Hauptstadt der *Moldau* von *Suceava* nach *Iaşi* verlegt.

Die Stadt liegt am *Bahlui-Fluß*, nur wenige Kilometer vom *Prut* entfernt, der hier die Grenze zur *Sowjetunion* bildet. Rings um die Stadt reihen sich Hügel. Auch *Jaşi* selbst liegt auf einem Hügelkamm, dem *Copou-Hügel*.

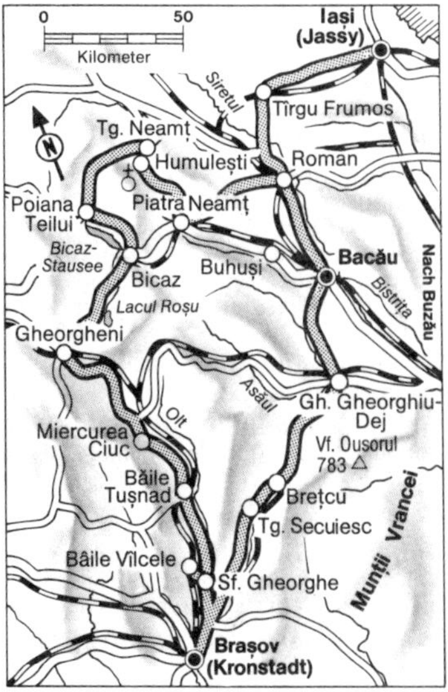

Das interessanteste Baudenkmal der Stadt ist die Kirche der *Drei Hierarchen*, die von *Fürst Vasile Lupu* in den Jahren 1635 bis 1639 gebaut wurde. Sie zeichnet sich durch ihre Steinornamentik an den Außenwänden aus, die wie ein Spitzengewebe wirken. Die Kirche, an der Hauptstraße der Stadt gelegen, hat ein wechselvolles Schicksal hinter sich und ist mehrfach zerstört worden: 1650 von den *Tataren*,

1686 von polnischen Soldaten und anschließend viermal durch Erdbeben und Feuer. Dennoch ist sie stets wieder in der alten Form aufgebaut worden.

Ursprünglich waren die *Drei Hierarchen* ein Kloster, von dem heute nur noch die Kirche erhalten ist. Die dreischiffige Kirche ist im Innern reich ausgeschmückt. Sie war 1642 zum erstenmal ausgemalt worden. Davon sind nur noch Fragmente vorhanden. Die Kirchenportale sind in gotische Rahmen gefügt. In einem kunstvoll verzierten Grab liegt *Alexandru Joan Cuza*, der erste Fürst des vereinigten Rumänien, im Kirchenschiff bestattet. Im Stadtzentrum sind ferner die *St.-Nikolaus-Kirche* (15. Jh.) mit ihren Außenfresken, die *Golia-Klosterkirche* mit Turm (16. Jh.) sehenswert. Die *Golia-Kirche* ist ein Musterbeispiel für den moldauischen Baustil.

Iași, das auch römisch-katholische *Bischofsresidenz* ist, beherbergt in seinen Mauern ferner eine 1860 gegründete *Universität*, ein *Staatsarchiv*, eine *Malerakademie* und einige *Museen*, u.a. das *Kunst-*, das *Volkskunst-* und das *Historische Museum*.

Oberhalb der Stadt liegt, weithin sichtbar, das *Cetățuia-Kloster* (1669), das auch als Fluchtburg diente und dessen einzige Glocke (im 17. Jh.) aus *Danzig* herangeschafft wurde. Die sogenannte *Gotische Halle* des Klosters ist heute Museum.

🚂 Bacău – Bukarest, Galați.

✈ Bukarest.

🏨 „Motel Bucium" (10 km südl. auf der Straße *N 24*), „Continental", Cuza Vodă 1. „Unirea", Piața Unirii 5. – ⛺.

Touristenamt: Piața Unirii 12.

Von *Iași/Jassy* fährt man wieder ein Stück zurück bis *Roman*, 373 km, biegt hier nach rechts ab nach

Piatra Neamț (50000 Einw.), 421 km, einer Industriestadt am Ufer der Bistrita. Von den drei Bergen *Cozla*, *Pietricia* und *Cernegura* umgeben ist Piatra Neamț eine der schönsten Gebirgsstädte Rumäniens mit besonderen Sehenswürdigkeiten. Die Stadt ist im Zentrum vollkommen neu aufgebaut worden. Die alten Hütten und Häuser wurden niedergerissen, um einem modernen Wohnviertel Platz zu machen. Die *St.-Ioan-Kirche*, von *Stephan dem Großen* im 15. Jahrhundert erbaut, und der benachbarte *Glockenturm* sind von der alten Stadt übriggeblieben.

🚂 Bacău, Bicaz.

🚌 Bicaz, Bacău, Roman.

🏨 „Ceahlăul", Alexandru cel Bun 1.

8 km vor *Piatra Neamț* liegt das Kloster *Bistrița* (16. Jh.) mit schönen Fresken im Inneren.

Man verläßt *Piatra Neamț* auf der Nationalstraße *N 15 C* und gelangt nach knapp einer Stunde Fahrt durch eine reizvolle Hügellandschaft an die Abzweigung zum

Kloster *Văratec*, 449 km, mit alten Ikonen und Goldschmiedearbeiten.

Nur wenige km weiter biegt man erneut ab, um das Kloster *Agapia*, 457 km, zu besuchen. Die Stiftung ist das größte orthodoxe Nonnenkloster Europas. Über 200 Nonnen sind heute noch hier tätig. Mehrmals am Tag werden sie mit Klöppeln zum Gebet gerufen. Das in einem bewaldeten Tal gelegene Kloster

Iași: Gotische Halle im Cetățuia-Kloster

(16./17. Jh.) birgt wertvolle Jugendwerke des Malers *Nicolae Grigorescu*.

In unmittelbarer Nähe des Klosters liegt eine Touristenherberge, die in origineller Art und Weise die Atmosphäre altmoldauischer Herbergen mit modernem Komfort verbindet. Sie bietet sich bei dieser Rundreise als günstige Übernachtungsmöglichkeit an.

Nach dem Abstecher geht es zurück auf die Straße *N 15 C* bis zum kleinen Dorf *Humulești*, dem Geburtsort des rumänischen Dichters *Ion Creangă* (1837–89). Sein Geburtshaus ist jetzt Museum.

Bald darauf erreicht man Tîrgu Neamț,

461 km, das von der Festung Neamțu (14 Jh.) überragt wird. Etwa 14 km hinter der Stadt biegt man nach rechts ab auf die *N 15 B* zum

Kloster Neamț, dem ältesten Kloster der Moldau. Die Ursprünge des großen Komplexes reichen bis in das 14. Jahrhundert zurück. Nach einem Erdbeben (1471) ließ *Stephan der Große* (1457 bis 1504) eine neue Kirche bauen. In seiner Blütezeit (14./15. Jh.) zählte das Kloster zu den größten Grundeigentümern der Moldau.

Die *Klosterkirche* ist das repräsentativste Baudenkmal aus der Zeit ihres Stifters. Im moldauischen Stil erbaut, weist die Kirche das charakteristische Vorschiff auf, das mit zwei Kuppeln einem dreiteiligen Schiff angeschlossen wurde. Zwischen beiden Schiffen liegt die Grabkammer, vor dem eigentlichen Eingang eine Vorhalle. Die zwei Kuppeln des Vorschiffs stützen sich auf Pendentifs und Diagonalbögen. Auch das Hauptschiff hat einen rechteckigen Grundriß mit einem vierfenstrigen Turm in der Mitte, der oben von einer Kuppel abgeschlossen wird.

Zu den anderen sehenswerten Gebäuden des Klosters gehören die *St.-Georgs-Kirche* (1376–92), das Museum und die *Bibliothek*.

Man fährt nun weiter auf der *N 15 B* durch das *Ceahlau-Gebirge* mit herrlichen Ausblicken. Bei Poiana Teilui, 516 km, beginnt der große Stausee *Bicaz* mit dem Wasserkraftwerk in *Bicaz*. Hier ist 1977 ein neuer Hotelkomplex „Durău“ mit 168 Betten fertiggestellt worden und ein weiterer wird in Kürze in Betrieb genommen.

In westlicher Richtung auf der *N 15* lädt eines der bekanntesten Heilbäder Rumäniens, *Borsec*, zu heilbringenden Kuren ein.

Man benutzt von *Poiana Teilui* jedoch die *N 15* nach Süden am *Bicazsee* (⛺) entlang bis zur Stadt *Bicaz*, 545 km. Durch die Bicazklamm, deren Kalksteinwände viele hundert Meter hoch sind und die im „Höllenschlund“ fast bis auf sechs Meter zusammenrücken, kommt man nach 23 km zum *Lacul Roșu*, dem „Roten See“ (980 m), 568 km.

Bis zum Beginn des vorigen Jahrhunderts war diese Gegend von weiten Wäldern bedeckt. Im Jahr 1837 stürzte der mit dichtem Tannenwald bestandene Steilhang des *Ghilcoș-Berges* ab, sperrte das Tal und hemmte den Lauf der Gebirgsbäche. Auf diese Weise entstand der *Lacul Roșu* der im Volksmund auch *Ghilcoș*-(„Mörder“-)*See* genannt wird.

Noch heute ragen aus dem See die Kronen von Tannen heraus, die man „Speerspitzen“ nennt. Rings um den See reihen sich kleine Berghotels. Einige Wanderwege führen auf den *Licaș-Gipfel* (1676 m), auf den *Muntele Calului* (1621 m) und den *Hășmașul Mare* (1793 m). In der Nähe des *Lacul Roșu*, in den sich eine Vielzahl von Wildbächen ergießt, fließt der *Bicaz*. *Lacul Roșu* bietet Kurmöglichkeiten für Herz- und Nervenleiden. – ⛺.

Noch einmal steigt die Straße bis zum *Pîngarați* (1389 m) hoch, bevor ein ständiger Abstieg bis *Brașov* beginnt.

Durch die Wolkendämme des *Giurgeu-Gebirges*, eines Teils der Ostkarpaten, führt die Straße nach *Gheorgheni*, 605 km, das mitten in der Senke des *Giurgeu* liegt, die allseits von bewaldeten Bergen umgeben ist. Im 15. Jahrhundert gegründet, wurde die Stadt 1688 zu einem Zentrum von vor den Türken geflüchteten Armeniern. Zu Beginn des 20. Jahrhunderts entwickelte sich hier eine bedeutende Holzindustrie.

Nach einigen km auf der *N 12* Richtung Süden trifft man auf den *Olt*, der die Straße fast bis an das Ende der Rundreise begleitet. Immer weiter bergab führt die Straße durch *Miercurea Ciuc*, (🏨 Bradul), 657 km, wo im Bezirksmuseum der dakische Silberschatz aufbewahrt wird. Sehenswert sind die kunstvollen Becher, Spangen und Armbänder aus der Zeit des 1. und 2. Jahrhunderts v. Chr. Nur 24 km entfernt liegt in einem der Engpässe des *Olt* das Heilbad

Băile Tușnad, 686 km, am Fuße des *Ciumatu-Berges* (1294 m). Der Kurort ist in eine von Bergen umgebene Talsenke eingebettet. Das erholsame subalpine Klima schafft eine besonders reine Luft. Trink- und Badekuren dienen der Genesung von körperlichen und psychischen Erschöpfungserscheinungen und anderen Leiden.

Den Patienten stehen Hotels und Ferienhäuser zur Verfügung.

Von *Sf. Gheorghe*, 721 km, aus lohnt ein Abstecher zum Kurort *Băile Vîlcele*. An dieser Stelle befand sich zur Römerzeit *Colonia aquarum vivarum*. Nach wenigen km trifft man wieder auf die *N 11* und legt die restlichen km bis *Brașov*, 753 km, schnell zurück.

Route 10: Die Klöster in der Moldau (304 km)

Die Klösterkette der nördlichen Moldau, die ihr Entstehen im 15. und 16. Jahrhundert zumeist Stiftungen *Stephans des Großen* (1457–1504) und seiner Heerführer verdankt, ist in der ganzen Welt ohne Beispiel.

Eine Besonderheit dieser orthodoxen Klöster sind die farbigen Außenfresken. Sie rühren vermutlich von der mittelalterlichen Sitte dieser Gegend her, an Feiertagen die ganze Bevölkerung um den Fürsten oder Feudalherren zu scharen. Dabei blieb ein großer Teil der Bauern außerhalb der räumlich beengten Kirchen, und so kam man auf den Gedanken, auch die Außenwände der Kirchen mit Heiligenbildern zu schmücken („Biblia pauperum").

Kunsthistoriker vergleichen diese Wandmalereien an den Außenwänden der Kirchen hinsichtlich ihres künstlerischen Wertes mit den Wandfresken der Kirche *San Marco* in *Venedig* und mit denen des *Orvieto-Domes*. In der Ikonographie der Fresken sind religiöse Motive (das *Jüngste Gericht*, die *Stufenleiter der Tugenden*, die *Genesis*) mit historischen Ereignissen der Zeit ihrer Entstehung verbunden (*Belagerung von Konstantinopel*). Die Zeichnung und Farbe der Fresken hat sich trotz der Witterungseinflüsse bis heute an den Außenwänden erhalten. Bis jetzt ist man noch nicht hinter das Geheimnis der Farben- und Verputzvorbereitung der Moldauer Meister gekommen.

Die Bau- und Freskenkunst der Nordmoldau trägt das Siegel *Stephans des Großen*, eines bedeutenden Feldherrn, Staatsmannes und Fürsten der Moldau. Nach jedem Sieg über die Türken ließ er eine Kirche bauen. Im ganzen errichtete er 44 Kirchen und Klöster. Die Namen der vielen Moldauer Künstler, welche jene Klöster geschaffen haben, sind unbekannt.

Die Rundreise beginnt in

Suceava (72000 Einw.), das auch der es umgebenden Region (Provinz) seinen Namen gab. Im Osten der Stadt, auf einem steilen Felsvorsprung, liegen die Ruinen der *Festung*. Zwei Jahrhunderte (von 1388 bis 1563) war

Kloster Putna

Suceava die Residenz der *Fürsten der Moldau*, so auch von *Stephan dem Großen*. Seit 1401 bis heute ist die Stadt der Sitz des *Metropoliten der Moldau*. Sehenswert sind die 1488 erbaute *Elias-*

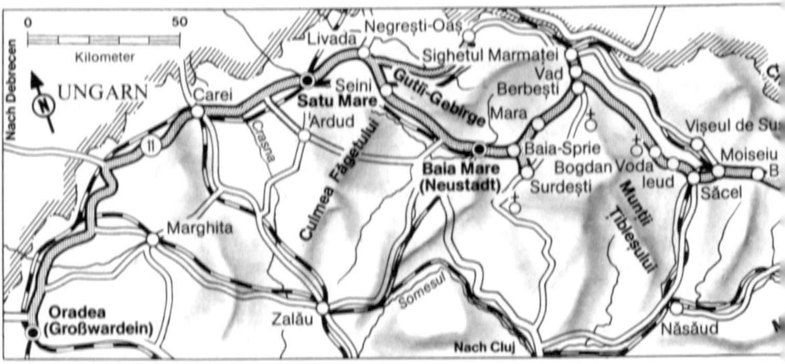

Kirche, die *St.-Demetrius-Kirche* ((6. Jh.) sowie die Metropolitankirche *Sf.Gheorghe* (16. Jh.), auch als *St.-Johannes-Kirche* bekannt, mit dem Grabmal des *Johannes Novus*, des Schutzpatrons der *Bukowina*.

🏨 „Arcaşul", Str. M. Viteazul 6; „Balada", Str. Lenin 7; „Suceava", Str. Ştefan cel Mare 14.

Man verläßt Suceava auf der Nationalstraße *N 2* in Richtung *Siret* nach Nordwesten. Die ganze Fahrt geht durch das bewaldete Hügelland der *Bukowina*, die an die *Sowjetunion* grenzt. Nach 41 km biegt man nach links in die Nationalstraße *N 17 A* ein und erreicht schnell die Ortschaft

Rădăuţi, 60 km. Hier steht die 1459 erbaute *Bogdana-Kirche*, eine der ältesten der Moldau. Die Bischofskirche mit dreischiffiger Pfeilerbasilika und Apsis ist nach *Bogdan I.* genannt, der als moldauischer Fürst regierte.

Das Bauwerk ist wegen der Mischung gotischer und orthodoxer (byzantinischer) Stilelemente interessant. Man sagt, daß auch siebenbürgische Bauweisen zu erkennen seien. *Fürst Bogdan*, der Stifter, ist auf der Ikonenwand vor dem Altar dargestellt. Er ist auch hier begraben.

Man fährt von Rădăuţi in nördlicher Richtung in 19 km nach *Vicovu de Jos*. Dort biegt man nach links ins bewaldete Tal ab, an deren Ende das Kloster

Putna, 87 km, (1465–69) liegt, das vor kurzem sein 500jähriges Bestehen gefeiert hat. *Putna* ist ein noch heute bestehendes Kloster. Die (orthodoxen) Mönche leiten auch das besonders sehenswerte *Klostermuseum*. Unmittelbar in der Nähe des Klosters ist ein Hotel (🏨) erbaut worden, das aber sehr stark frequentiert ist, so daß man in jedem Fall das Zimmer vorbestellen sollte.

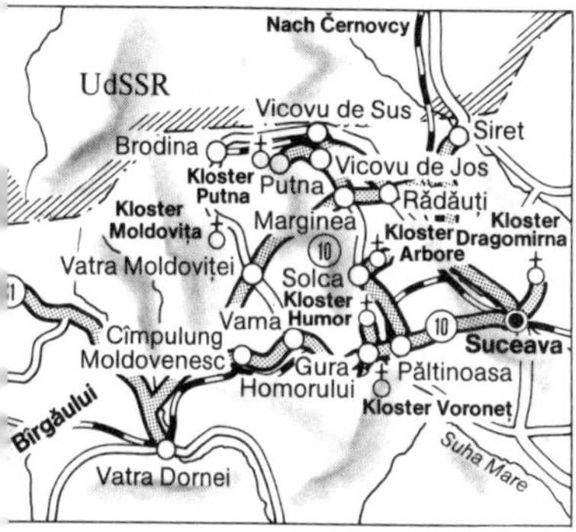

In *Putna* liegt *Stephan der Große* begraben. Er ruht unter einer schweren, kunstvoll verzierten Steinplatte im Innern der Klosterkirche. Er hatte den Bau der Kirche nach dem Sieg über die von Osten anstürmenden *Tataren*

Kloster Suceviţa

1466 verfügt. Die Kirche, die im moldauischen Stil gebaut wurde, ist innen mit wertvollen Fresken ausgemalt. Heute ist sie das Wallfahrtsziel vieler Rumänen, die das Grabmal Stephans des Großen aufsuchen.

Im *Klostermuseum* sind der Kirchenschatz, alte Bibeln, Kirchengeräte, wertvolle Stickereien und Gewänder ausgestellt.

Hinter dem Kloster enden die Straße und das Tal. Ein paar Kilometer weiter beginnt die *Sowjetunion*. Man kehrt zurück nach *Vicovu de Jos* und weiter nach *Marginea*. Von dort führt die *N 17 A* nach

Suceviţa, 115 km, wo ein 1580 erbautes Nonnenkloster gleich am Eingang zum Ort zu sehen ist.

Das Kloster wurde von der Familie des *Fürsten Movilă* gestiftet. Es ist von starken Mauern umgeben, die im Viereck den Innenhof umschließen und an jeder Ecke mit einem Wachtturm verstärkt sind.

Die Außenfresken der Kirche, die inmitten des Hofes steht, sind ganz ausgezeichnet erhalten. In den Farben herrschen Bordeauxrot und ein metallisches Grün vor. Die Fresken von *Suceviţa* schildern das *Leben der Hei-*

Klosterkirche Humor

ligen, die *Leiden der Märtyrer*, das *Paradies* und die *Belagerung von Konstantinopel*. Die Figuren tragen die Kleidung der Bauern und *Bojaren* jener Zeit und zeigen die Gesichter einstiger Würdenträger.

Im *Museum* von *Sucevița* werden neben wertvollen Kirchengeräten die mit Perlen, Seiden- und Goldfäden reich bestickten Sargdeckel der Stifter *Ieremia* und *Simion Movilă* aufbewahrt. In der Kirche befindet sich eine gut erhaltene geschnitzte Ikone.

Von *Sucevița* fährt man weiter (auf der Straße *N 17 A*) nach Westen und gelangt alsbald nach *Vatra Moldoviței* 131 km, mit dem

Kloster Moldovița. Es liegt rechts von der Hauptstraße. 1532 bis 1537 wurde es vom *Fürsten Petru Rareș*, Sohn *Stephans des Großen*, gebaut. Die im letzten Jahr des Baus gemalten Fresken haben sich sehr gut erhalten. *Moldovița* ist ein Nonnenkloster, das die lebendigste Darstellung der *Belagerung von Konstantinopel* durch *Perser* und *Awaren* im 7. Jahrhundert zeigt. Nach der in „a fresco"-Technik wiedergegebenen Legende wurde die belagerte Stadt durch die Ikonen der *Jungfrau Maria* gerettet. Architektonisch ist diese Kirche im typisch moldauischen Stil gehalten und weist Vorhalle, Vorschiff und Hauptschiff mit Kuppelturm und Säulenstützung auf.

Fürst Petru Rareș ist in der von ihm gestifteten Kirche auch begraben. Sein Ebenbild ist auf dem in diesen Kirchen üblichen Stiftungsgemälde neben dem Altar zu erkennen.

In dem reich ausgestatteten *Museum* für mittelalterliche Kunst, das die Nonnen verwalten und das sich neben dem Gotteshaus befindet, sind u.a. Teile des Klosterschatzes sowie ein holzgeschnitzter Thronsessel des *Petru Rareș* zu sehen.

Man verläßt *Vatra Moldoviței* auf der Straße *N 17 A* nach Südwesten und fährt bis zur Kreuzung mit der Nationalstraße *N 17*, in die man nach links, also nach Osten einbiegt. Über *Cîmpulung-Moldovenesc*, 152 km, kommt man nach *Gura Humorului*, 189 km, wo trotz der Umsiedlung (1940) auch heute noch *Volks-* oder *Bukowinadeutsche* leben. Eine ehemalige evangelische Kirche an der Straße nach *Humor* zeugt davon. Sie dient heute als orthodoxes Gotteshaus. – ⛺.

Von *Gura Humorului* führt nach Norden eine 5 km lange Straße nach

Humor, 194 km. Die von Mauern und Zäunen umgebene und auf einem Hügel gebaute Kirche liegt am Ende des gleichnamigen Dorfes. Der Kirchturm steht neben dem eigentlichen Kirchenschiff. Das Kloster wurde unter der Herrschaft von *Petru Rareș* von dessen Kanzler, *Theodor Bubuiog*, im Jahr 1539 gebaut und fünf Jahre später innen und außen bemalt.

Die Fresken an der Südwand zeigen u.a. eine bildliche Wiedergabe der 24 Strophen des vom Patriarchen *Serghe von Konstantinopel* verfaßten „Lob der Jungfrau Maria". Ihr wird die Rettung der belagerten Stadt zugeschrieben.

Wenn man in *Gura Humorului* den Oberlauf der Moldau nach Süden überquert, so kommt man in das von dort nur 4 km entfernte Dorf *Voroneț* mit dem am Ortsende stehenden

Kloster Voroneț, das sich auf einer kleinen Anhöhe erhebt. Es fügt sich, wie andere Klöster, in die Landschaft.

Kloster *Voroneț* wurde 1488 auf Weisung *Stephans des Großen* gebaut (der Wortlaut der Stiftungsurkunde findet sich in altslawischer Kirchensprache an der Außenwand der Kirche) und ist im gleichen moldauischen Stil gehalten wie die anderen Klöster, die auf dieser Fahrt bereits besucht wurden.

Die noch heute als Gotteshaus verwendete Kirche zeigt die typischen Wesenszüge der moldauischen Baukunst des 15. und 16. Jahrhunderts: kreuzförmiger Grundriß, eine byzantinische Kuppel über moldauischen

Hängebögen, Spitzbogenportale und -fenster sowie gotische Stützpfeiler und das, gleichfalls gotische, Portal zum *Pronaos* (Vorschiff).

Im Innern der Kirche sind Szenen aus dem *Leben Christi* auf den Wänden dargestellt. Auch *Stephan der Große* ist mit seiner Familie abgebildet. Sehenswert sind ferner der hölzerne Leuchter, die Chorstühle der Fürsten aus der Zeit von *Petru Rareş* (16. Jh.) sowie die vergoldete Altartür.

Der *Metropolit Grigorie Roşca* ließ die Kirche 1547 vergrößern. In jener Zeit entstanden auch ein Teil der Innenmalereien sowie die Außenfresken. Es ist erstaunlich, daß sich die vor über 400 Jahren auf der Wind und Wetter ausgesetzten Außenwand gemalten Fresken so lange frisch und deutlich sichtbar erhalten haben. Die Darstellungen an den Außenwänden stellen ein die ganze Westseite umfassendes Fresko „Das Jüngste Gericht" dar, in welchem die Sünder als Türken abgebildet sind, die zur Zeit *Stephans des Großen* die Erzfeinde der Rumänen waren. Gut erhalten ist auch der an der Südseite abgebildete „Baum Jesu" sowie der *Metropolit Grigorie Roşca*, der im Vorhof begraben liegt.

Man kehrt nach *Gura Humorului* und dort auf die Straße *N 17* zurück, der man nach Osten folgt. In dem kleinen Ort *Păltinoasa* biegt man nach links in eine (nicht numerierte) Nebenstraße ein, auf der man bis *Solca*, 236 km, bleibt. Von dort sind es nur 5 km nach rechts bis zum

Kloster Arbore. Wer auf den großen Kreis über die Klöster *Suceviţa* und *Moldoviţa* verzichten will, der kann in *Marginea* bereits nach links in Richtung *Solca* abbiegen.

Das Kloster *Arbore* ist vor allem wegen seiner Darstellungen aus dem Leben der Heiligen interessant, die 1541 auf die Außenwände gemalt wurden. Der Bau der Kirche begann schon 1503. Ihr Stifter ist *Luca Arbore*, ein Würdenträger zur Zeit *Stephans des Großen.*

Auf der Nationalstraße *N 17* fährt man nach *Suceava*, 288 km, zurück und durchquert den Ort in Richtung Nordosten zur Straße *N 29 A*. Bald kommt man zur Abzweigung (nach links) zum

Kloster Dragomirna, 296 km. Es stammt aus dem 17. Jahrhundert und ist von riesigen Mauern umgeben. Die 1609 errichtete Kirche zeigt an der Stirnseite die in Stein gehauenen Waffen der moldauischen Feudalherren. Die Kirche überragt Mauern und Gebäude, trägt aber keine Außenfresken. Im Innern ist das Netzgewölbe sehenswert. Vom Kirchturm, der mit Steinmetzarbeiten reich verziert ist, hat man einen reizvollen Rundblick über die malerische Umgebung.

Die Rundreise zu den Klöstern wird auch vom *Rumänischen Touristenamt* veranstaltet. Ausgangspunkte solcher Omnibusfahrten sind *Bukarest* und die *Schwarzmeerküste*. Auch von *Suceava* aus werden Besichtigungsfahrten unternommen. Da die Klösterkette weder mit Linienbussen noch mit Eisenbahnlinien direkt verbunden ist, bleibt der eigene Wagen oder die Fahrt mit dem Autobus des Touristenamtes die einzige Möglichkeit, das vom großen Verkehrsnetz abgelegene Gebiet zu erreichen. Übernachtungsmöglichkeiten gibt es nur in *Suceava* und *Putna.* Buchungen für die Rundreisen mit dem Autobus nimmt das *Rumänische Touristenamt* vor in:

Bukarest, Bld. Gen. Magheru 7;
allen Seebädern (in den meisten Hotels);

Suceava, Str. M. Bălcescu 1.

🚂 Von Bukarest–Bacău oder Cluj/Klausenburg bis Suceava. Von dort weiter mit dem Bus.

Man fährt von dort in 8 km zum Ausgangspunkt *Suceava* zurück, 304 km.

Kloster Voroneţ

Route 11: Maramureş-Rundfahrt (457 km)

Diese Fahrt könnte im Anschluß an *Route 10* durchgeführt werden, da sie in ihrem Verlauf daran anschließt. Sie vermittelt unvergeßliche Eindrücke aus jener nördlichsten Karpatenregion, zum Teil allerdings bescheidene Straßenverhältnisse (s. Karte S. 58/59).

Die Fahrt beginnt in

Vatra Dornei (802 m), das man von Suceava aus über die *N 17* nach etwa 110 km erreicht. Das Heilbad liegt in einer wunderbaren Gebirgsgegend am Zusammenfluß von *Dorna* und *Bistriţa*. Die Mineralwasserquellen haben heilbringende Wirkung.

ⵋ „Dorna", Str. 7 Decembrie 15; mehrere Ferienhäuser. – ⛺.

Ein riesiges Holztor begrüßt den Besucher der *Maramureş* und zeigt ihm zugleich die besondere Kunstfertigkeit der Maramureşbewohner in der Herstellung solcher Tore.

Zwischen *Maramureş-* und *Rodna-Gebirge*, die zu beiden Seiten der Straße beeindruckend hoch aufragen, windet sich der *Viseu-Fluß*, an dem man nun bis *Borşa*, 92 km, entlangfährt. Dort entstand in den letzten Jahren ein Touristenkomplex mit Hotels und Restaurants, die als Ausgangspunkte zu Ausflügen in das *Rodna-Gebirge* gut geeignet sind.

10 km hinter dem Ferienort biegt man nach links ab auf die Lokalstraße, die zwar nicht immer über den besten Belag verfügt, aber zu den schönsten Toren der *Maramureş* führt. In jedem der nun folgenden Dörfer kann man die kunstvoll geschnitzten und mit Ornamenten geschmückten Tore bewundern.

In *Săcel*, 113 km, zweigt man nach rechts ab und sieht bald darauf das ehemalige *Cuhea*, 138 km, das heute *Bogdan Voda* heißt, vor sich. Die Gemeinde war ehemals Sitz des Fürsten *Bogdan*, der im 14. Jahrhundert über den *Prislop-Paß* nach *Cîrlibaba* in die Moldau eindrang und dort ein unabhängiges Fürstentum gründete.

In der Nachbarortschaft *Ieud* findet man zwei hübsche Holzkirchen; eine davon stammt aus der zweiten Hälfte des 14. Jahrhunderts und ist die älteste in der Maramureş.

Es folgen die Dörfchen *Şieu*, *Strîmtura* und *Bîrsana*, die ebenfalls sehenswerte Kunstwerke, Häuser, Tore und Kirchen aufweisen.

Maramurestor

Man passiert weitere idyllische Gemeinden, ehe man nach Vadul Izei, 178 km, in die Heimatgemeinde des berühmten Holzschnitzers Gheorghe Borodi, der viele Maramureştore gefertigt hat, kommt. – In

Sighetul Marmaţei (39 000 Einw.), 184 km, nähert man sich unmittelbar der russischen Grenze. Die kleine Stadt birgt eines der größten Holzverarbeitungskombinate des Landes. Die Stilmöbel der Maramureşkünstler werden in alle Welt verschickt. Besonders interessant ist das *Maramureş-Museum* der Stadt. Nun kann man sich entscheiden, ob man über Baia Mare oder Negreşti Oaş nach Satu Mare fahren will. Beide Ziele lohnen sich, so daß man am besten beide Touren macht.

Fährt man in Richtung Negreşti Oaş (s. S. 63), entlang der russischen Grenze, kann man in Săpinta (19 km) eine außergewöhnliche Sehenswürdigkeit bewundern. Auf dem „fröhlichen Friedhof" des Dorfes hat der Holzschnitzer Ion Stan Patras, der 1977 verstorben ist, die hölzernen Grabmäler mit bunten Farben bemalt, mit den verschiedensten Motiven versehen und in kurzen Reinem den Tod der Verstorbenen beschrieben.

Wenige Kilometer vor Negreşti Oaş lädt die Touristenherberge „Simbra Iolor", auf dem Huta-Hügel zum Verweilen ein. Sie erinnert an das große Volksfest gleichen Namens, das jedes Jahr Ende April, Anfang Mai veranstaltet wird. Das Fest des Almauftriebs zeigt die Sitten und Bräuche der Maramureşbewohner. In

Negreşti-Oaş, 50 km, befindet sich das interessante *Ethnographische Museum* von *Oaş*. Das Städtchen ist Ausgangspunkt für die Besichtigung der umliegenden Dörfer und Siedlungen, die mit ihren malerischen Häusern und Volkstrachten die Vielfalt der Folklore der Maramureş ausdrücken. In *Certeze*, 5 km, *Huta Certeze*, 9 km, *Racşa*, 16 km, *Tur*, 1 km, *Trip*, 6 km, *Bixad*, 5 km, *Tîrşolt*, 12 km, *Cămărzana* oder *Călineşti-Oaş* ist fast jedes Haus als kleines ethnographisches Museum anzusehen.

Durch eine reizvolle Landschaft mit hübschen Dörfchen ist nach etwa 45 km

Satu Mare (81 000 Einw.) die Kreishauptstadt des Munizipiums Satu Mare zu sehen. Schon in den Jahren 1213 bis 1221 wird die Stadt als ein wichtiger Warenumschlagsort an der Handelsstraße nach *Coşovia* und weiter nach *Böhmen*, *Wien* und *Krakau* genannt.

Archäologische Funde (Münzen, Waffen) zeugen von einer viel früher vorhandenen Siedlung. Bereits im 13. Jahrhundert erhielt der Handelsort die Stadtrechte verliehen. Heute ist Satu Mare ein wichtiges industrielles und kulturelles Zentrum Rumäniens.

Die Hauptsehenswürdigkeiten liegen alle im Stadtkern um den *Piaţa Libertăţii*: Das *Kreismuseum* mit ethnographischen Zeugnissen und einer Kunstgalerie, das Gebäude des ehemaligen Hotels „Someş", im klassizistischen Stil Anfang des 20. Jahrhunderts errichtet, das Gebäude der örtlichen *Schusterzunft* (1830) im Barockstil, die römisch-katholische *Kathedrale*, die *orthodoxe Kirche* in byzantinischem Stil mit Barockelementen, das *Denkmal des rumänischen Soldaten* für die Gefallenen im Zweiten Weltkrieg und das Standbild des *Vasile Lucaci*, der sich im 19. Jahrhundert für die Rechte der Rumänen in Siebenbürgen einsetzte.

🏨 „Dacia", „Aurora".

Rumänisches Touristenamt Satu Mare, Bld. Eliberării 14.

In der näheren Umgebung findet man einige lohnenswerte Ausflugsziele. In Ardud (20 km) sind die Ruinen einer alten Festung zu besichtigen (16. Jh.). Die Gemeinde Beltuig (35 km) und ihre Siedlungen haben sehr schöne Holzkirchen.

Wendet man sich von Sighetu Marmaţiei auf der teilweise nicht asphaltierten *N 18* nach Süden und besichtigt die Holzkirchen in *Giuleşti* und *Hărniceşti*. In *Desesti*, 220 km, ist die Kirche mit originellen Malereien des Ikonenmalers *Radu Munteanu* ausgeschmückt.

Nach einer Fahrt durch die Berge des Gutîi-Gebirges macht man in *Baia-Sprie*, 240 km, einen Abstecher von 6 km nach *Surdeşti* mit dem höchsten Holzbau der Welt, dem 58 m hohen Kirchturm.

Zurück auf der *N 18* hat man noch 10 km bis nach *Baia Mare* (97 000 Einw.), 250 km, der Kreishauptstadt, die als modern entwickeltes Bergbauzentrum gilt. Minen und Schachtanlagen prägen die Umgebung der Stadt. Die alte Eisenbahnverbindung aus dem Jahre 1884 trug wesentlich zur Entwicklung dieses Industriezweiges bei.

Sehenswert sind das *Historische Kreismuseum*, der *Stephansturm* (14. Jh., gotisch) und die *Dreifaltigkeitskathedrale* (barock).

🏨 „Gutinul", Str. Minerva 9; „Bucureşti", Piaţa Gh. Gheorghiu-Dej 1. „Păstrăvul", Firiza-See; „Cărpati", Str. Minerva 9; „Usturoi", Str. Petöfi 6; „Minerul", Piaţa Libertăţii".

⛺ 12 km außerhalb der Stadt am *Firiza-See*.

Auf der *N 1 C* fährt man weiter nach Westen durch das Tal des *Someş*, der sich zwischen *Gutîigebirge* und *Codru-Gebirge* seinen Weg bahnt.

In *Seini*, 278 km, führt die Straße vom Fluß fort. Man besucht das Dörfchen *Medieşul Aurit*, 286 km, eine kleine Ackerbaugemeinde mit sehenswerten Keramikbrennöfen aus der Dakerzeit und mit einer Nekropole. Auch die Ruinen des Schlosses Medieşul Aurit (13. Jh.) lohnen einen Besuch.

Über *Livada*, 326 km, gelangt man bald nach

Satu Mare, 131 km, *Oradea*, 457 km. Zuvor besichtigt man aber in *Carei*, 36 km, das dortige Stadtmuseum in einer imposanten Schloßburg aus dem 15. Jahrhundert mit archäologischen Funden aus der *Dakerzeit*. Auch die Kirche des einstigen *Piaristenklosters* mit ihren barocken Bauelementen lohnt einen Besuch. Diese Rundreise durch die Maramureş läßt sich sehr gut zu Beginn oder am Ende einer Rumänienreise durchführen, da der Grenzübergangspunkt Borş sehr leicht zu erreichen ist.

Register